차별을 뛰어넘은 조선 영웅들

차별을 뛰어넘은 조선 영웅들

초판 1쇄 펴냄 2013년 7월 15일
     8쇄 펴냄 2018년 11월 19일

지은이 김은빈
그린이 김언희
펴낸이 고영은 박미숙

펴낸곳 뜨인돌출판(주) | 출판등록 1994.10.11(제406-251002011000185호)
주소 10881 경기도 파주시 회동길 337-9
홈페이지 www.ddstone.com | 블로그 blog.naver.com/ddstone1994
페이스북 www.facebook.com/ddstone1994 | 노빈손 www.nobinson.com
대표전화 02-337-5252 | 팩스 031-947-5868

ⓒ 2013 김은빈

ISBN 978-89-5807-437-3 73900
CIP2013008872

어린이제품안전특별법에 의한 제품표시
제조자명 뜨인돌어린이 **제조국명** 대한민국 **사용연령** 만 8세 이상

차별을 뛰어넘은
조선 영웅들

김은빈 지음 | 김언희 그림

뜨인돌어린이

차별에 당당하게 맞서 꿈을 이룬 용기 있는 조선 사람들의 인생 이야기

조선 시대는 차별이 많은 시대였어요. 가장 큰 차별은 신분 차별이었어요. 사람들은 양반, 중인, 평민, 노비 등으로 신분 계급이 나뉘어 차별당했어요. 남녀 차별도 심했지요.

조선 시대에는 헤아릴 수 없이 많은 사람들이 이런저런 차별 때문에 슬픔의 눈물을 흘렸어요. 사람들은 차별의 벽 앞에서 절망하여 자기 꿈을 포기하기도 했답니다.

그런데 모두가 절망하거나 꿈을 포기한 것은 아니랍니다. 사람을 차별하는 세상에 기죽지 않고 자기 꿈을 이루기 위해 노력한 사람들이 있었어요. 차별 때문에 그들이 꿈을 이루는 것은 보통 사람들보다 더 힘이 들었지요. 그래도 포기하지 않고 자기 힘으로, 정정당당하게 꿈을 이루어 냈습니다.

이 책에 나오는 여섯 명의 조선 위인도 그런 사람들이에요. 그들의 인생을 들려주고 싶어서 역사 기록을 기초로 위인들의 삶을 구성해 봤어요.

그런데 역사 기록이 부족하거나 불분명한 것이 문제였지요. 이런 부분은 조선 시대의 제도와 풍속을 고려해 그들이 겪었을 것 같은 상황을 지은

이의 상상으로 보충했어요.

   주인공 중에는 장영실같이 유명한 사람도 있지만 유명하지 않은 사람도 있어요. 유명한가 안 한가는 중요하지 않아요. 그들이 어떤 태도로 꿈을 이루어 냈는가가 중요하지요.

   조선 시대와 비교하면 요즘은 신분을 나눠 차별하는 경우는 별로 없습니다. 하지만 학벌, 학력, 집안 배경 등에 따라 사람을 나누고, 환경이나 학벌이 같은 무리끼리 어울리려는 보이지 않는 차별이 여전히 존재하지요. 사회 양극화가 심해지면서 보이지 않는 차별은 더 심해지고 있고요.

   차별이 심했던 조선 시대를 들여다보면서 어린이 여러분들이 차별이 없는 세상에서 살아가기를, 차별이 있더라도 꿈을 포기하지 않고 당당하게 펼쳐 나가기를 기대합니다.

   자, 그럼 지금부터 조선 역사 속으로 들어가 여섯 명의 자랑스러운 위인들을 만나 봅시다.

2013. 김은빈

차례

양반집 노비에서 장관이 된 **반석평** … 13

| 이곳이 궁금해 |　　기와집과 초가집 … 36
| 이 사람이 궁금해 |　판사와 죄인 … 38

나라의 노비에서 과학자가 된 **장영실** … 41

| 이곳이 궁금해 |　　한양 … 68
| 이 사람이 궁금해 |　왕 … 70

작은 키에도 장군이 된 **정충신** … 73

| 이곳이 궁금해 |　　조선 팔도 … 100
| 이 사람이 궁금해 |　암행어사 … 102

신분과 지역 차별을 이기고 의사가 된 허준 … 105

| 이곳이 궁금해 | 궁궐 … 130
| 이 사람이 궁금해 | 이색 직업 … 132

남녀 차별을 깨뜨리고 금강산에 오른 김금원 … 135

| 이곳이 궁금해 | 서당 … 164
| 이 사람이 궁금해 | 조선의 여인들 … 166

「대동여지도」를 만든 평민 지리학자 김정호 … 169

| 이곳이 궁금해 | 시장 … 194
| 이 사람이 궁금해 | 가객 … 196

양반집 노비에서 장관이 된
반석평

도련님이 부럽다

1480년경, 한양에 반석평이라는 소년이 살았습니다. 반석평은 이 참판 집의 노비였어요. 참판은 지금으로 치면 장관 아래의 차관입니다.

반석평은 고아였습니다. 언제 아버지와 어머니가 돌아가셨는지도 몰랐습니다. 조선 시대에는 반석평같이 부잣집 노비로 가는 고아들이 많았답니다.

조선 시대에는 신분을 양반, 중인, 평민, 천민으로 차별했습니다. 천민 중 가장 많은 사람이 노비였지요. 반석평도 노비 신분이었습니다. 노비는 관청이 소유한 노비와 반석평같이 부자가 소유한 노비로 두 종류가 있었습니다.

어느 봄날이었습니다.

반석평이 마당을 쓸고 있는데 대문 두드리는 소리가 났습니다. 문을 여니 한 남자가 서 있었습니다.

"뉘시오니까?"

"참판 영감을 뵈러 왔느니라."

"나리께선 궁궐에 들어가셨나이다."
"마님은 계시겠지?"
"예. 누구시라 하오리까?"
"독선생이 왔다고 아뢰어라."
반석평은 독선생이란 말을 처음 들었습니다.
"독선생이 무슨 뜻이옵니까?"
"녀석, 궁금한 것도 많구나. 양반집 도련님에게 공부를 가르치는 사람을 독선생이라고 하느니라."
독선생은 요즘으로 치면 가정 교사였습니다.
"오성 도련님을 가르치러 오셨군요."
"그렇네."
반석평은 평소에도 이 참판 아들인 이오성이 부러웠습니다. 이오성은 아무 걱정 없이 서당에 다니며 공부했기 때문입니다. 반석평은 공부하고 싶어도 하지 못하는 신세였습니다.
서당 공부도 모자라 독선생까지 모셔서 공부를 할 수 있다니!
오늘따라 이오성이 너무너무 부러웠습니다.
반석평이 독선생을 이 참판 부인이 있는 안채로 안내하며 물었습니다.
"제자 중에 과거에 합격한 사람이 있사옵니까?"
"있다마다. 장원급제한 제자도 있느니라."
"저 같은 천민이 과거에 붙은 경우는 없사옵니까?"
"말이 되는 소리를 하거라. 천민은 과거를 볼 수 없느니라."

반석평은 한숨을 푹 내쉬었습니다.

반석평의 꿈은 공부해서 과거에 합격하는 것이었습니다. 독선생 말대로라면 그것은 불가능한 꿈이었지요.

따스한 봄 햇살이 비추는 날인데도 반석평의 마음은 춥기만 하였습니다.

눈물이 뚝뚝

다음 날, 반석평이 눈물을 흘리며 마당으로 들어왔습니다.

"싸웠니?"

유모가 반석평을 보고 물었습니다. 그녀 역시 노비 신분으로 이 참판 부인이 시집올 때 따라온 여자였습니다.

"아뇨."

"그럼?"

"삼봉이 때문에요."

삼봉이는 반석평과 친한 동무였습니다.

"삼봉이라면 박 진사 댁 하인 아니냐? 그 아이가 왜?"

"삼봉이 아버지가 사헌부(조선 시대 관리 감찰 기구)에 가서 곤장을 다섯 대나 맞았어요. 포졸들이 세게 때려 살이 터져 버렸대요."

"맞을 짓을 한 거겠지."

"죄도 없는데 맞은 거래요."

"죄도 없는데, 왜?"

반석평이 유모에게 삼봉이 집 이야기를 해 주었습니다.

삼봉이 가족의 주인인 박 진사는 나라의 재산을 관리하는 관청인 호조에서 일했습니다. 그는 며칠 전 호조에서 윗사람에게 거짓 보고를 했습니다. 이것이 들통 나 곤장을 맞을 처지가 되었습니다.

유모가 끼어들어 물었습니다.

"그렇다면 박 진사가 곤장을 맞아야 하지 않니?"

"그래야 맞죠. 그런데 박 진사가 의금부 장교에게 자기는 엉덩이에 종기가 나서 맞을 수 없다. 그러니 자기 대신 노비를 때려 달라고 했대요. 그래서 삼봉이 아버지가……."

"딱하구나. 그래도 어쩔 수 없단다."

"어쩔 수 없다고요? 왜 죄도 없는데 맞아요?"

"노비니까. 주인이 죄를 지어 매를 맞을 경우 주인 대신에 노비가 맞아도 문제가 안 되니까."

반석평은 놀랐습니다. 노비가 주인 대신에 매를 맞는다는 건 처음 알았습니다. 화가 나서 몸이 부들부들 떨렸습니다.

반석평의 눈에서 다시 눈물이 떨어졌습니다. 슬픔과 분노와 두려움으로 범벅이 된 눈물이었습니다.

유모가 반석평의 볼을 닦아 주며 말했습니다.

"우리 같은 노비는 착한 주인 만나는 게 행복이다. 이 참판 어른은 인품이 훌륭하시니 얼마나 다행이냐?"

유모 말대로 이 참판은 인자했습니다. 그런 사실도 오늘은 반석평의 마음에 위로가 되지 않았습니다.

"전 노비로 살기 싫어요. 과거에 합격하고 싶어요."

"과거를? 오르지도 못할 나무 쳐다보지도 말거라."

유모가 석양이 지는 서쪽 하늘을 보며 말했습니다.

"밥 지어야겠다. 행랑채에서 장작이나 가져오너라."

행랑채 창고로 간 반석평은 문을 열 생각도 않고 담벼락을 짚고 풀썩 주저앉았습니다. 무릎 사이에 얼굴을 묻으니 다시 눈물이 나려고 했습니다.

그때 바람이 불어오고 무언가 살랑거리는 소리가 들렸습니다.

반석평이 소리 난 쪽을 바라보았습니다. 담을 타고 자란 담쟁이넝쿨이 바람에 흔들리는 소리였습니다.

담쟁이넝쿨은 바람을 타고 날아온 씨앗이 스스로 싹을 틔워 반석평 무릎 높이로 자라 있었습니다.

반석평이 혼잣말을 했습니다.

"너는 절대 이 담을 넘을 수 없어."

그로부터 일주일이 지났습니다.

행랑채 앞을 지나던 반석평은 깜짝 놀랐습니다.

"우아!"

담쟁이넝쿨은 반석평의 배꼽에 닿을 만큼 자라 있었습니다. 이런 기세라면 언젠가는 담을 넘어 뻗어 나갈 것 같았습니다.

반석평은 자신에게 주문을 걸듯이 말했습니다.

"나도 담쟁이넝쿨처럼 살 거야."

공부가 즐거운 아이

이오성이 반석평을 불렀습니다.

"아버지가 나를 혹시 찾으셨니?"

"아뇨."

"휴, 살았다. 오늘 독선생이 조는 사이에 동무들이랑 새를 잡으러 갔거든. 독선생이 일러바치면 어떡하나 조마조마했다. 됐다, 나가 봐."

반석평이 이불 위에 벌렁 드러눕는 이오성에게 물었습니다.

"도련님은 언제부터 과거 공부를 하실 거예요?"

"관심 없다. 난 노는 게 좋아."

"마님은 얼른 준비하길 바라시던데."

"꼭 과거에 합격해야 벼슬하니?"

"다른 방법이 있어요?"

"문음으로 벼슬 하나 얻지 뭐."

"문음이 뭔데요?"

"우리 아버지 벼슬이 참판 아니냐. 참판은 종2품의 높은 벼슬이다. 우리 조선에는 높은 벼슬을 했거나 나라에 큰 공을 세운 사람의 자식은 과거에 합격 안 해도 벼슬자리를 주는 제도가 있어. 그게 문음이다. 히히, 나같이 공부하기 싫은 사람한텐 딱 좋은 제도지 뭐냐."

부모를 잘 만나면 노력하지 않아도 벼슬을 얻을 수 있다니.

반석평은 이오성이 부러워 멍하니 바라보았습니다.

"왜 봐? 정신 나간 사람같이."

반석평은 부럽다는 말 대신에 며칠 전부터 하려던 말을 꺼냈습니다.

"도련님, 부탁드릴 게 있는데요."

"뭔데?"

"『천자문』 좀 빌려 주세요."

"한자 공부하려고?"

반석평이 고개를 끄덕였습니다.

"하인 주제에 공부해서 뭐하게?"

"……."

반석평이 대답을 못하는 사이, 이오성이 책을 툭 던졌습니다.

"지져 먹든 볶아 먹든 네 맘대로 해라."

"감사합니다, 감사합니다. 도련님."

반석평은 책을 안고 방을 나왔습니다. 하인들이 자는 방에 가려다가 방향을 바꿔 뒷간으로 갔습니다. 다른 노비들이 책을 보면 이런저

런 잔소리를 할 것 같아서였습니다.

뒷간에 들어간 반석평은 밑에서 똥 냄새가 올라오는 것도 잊은 채 책을 펼쳤습니다.

하늘 천(天), 땅 지(地) 자가 눈에 들어왔습니다. 몇몇 글자는 알겠는데 그다음부터는 대부분 모르는 한자였습니다. 앞으로 공부할 일이 까마득했습니다. 이러다가 과거에 도전할 수 있을지……

그래도 방법이 있을 거라 생각했습니다.

'미리 걱정 말자. 일단 해 보는 거야.'

뒷간에서 나온 반석평은 행랑채 옆 창고로 가 책을 보았습니다.

공부를 끝낸 반석평은 담쟁이넝쿨을 보았습니다. 녀석은 그사이에도 꾸준히 자라 이제는 반석평의 가슴까지 키가 자랐습니다.

반석평은 손으로 잎사귀를 만져 보았습니다. 부드럽고 매끈하였습니다. 반석평은 마음 맞는 동무를 만난 듯이 담쟁이넝쿨을 향해 씩 웃었습니다.

 『천자문』을 얻은 후 반석평은 시간이 날 때마다 창고로 달려갔습니다. 모르는 것이 있으면 이오성이나 동네 어른에게 물었습니다. 때때로 독선생에게 묻기도 했습니다.

가을이 왔습니다. 그사이 반석평은 『천자문』에 나오는 한자를 모두 익혔습니다. 담쟁이넝쿨도 담 꼭대기까지 자랐습니다.

가을이 저물면서 담쟁이 잎이 시들었습니다. 반석평은 실망하지 않았습니다. 봄이 오면 다시 푸른 잎이 날 테니까요.

『천자문』을 뗀 후 본격적으로 공부를 시작할 수 있었습니다. 그해 겨울 이오성한테 『명심보감』을 빌렸습니다. 겨울이 지나자 어김없이 봄이 찾아왔습니다. 담쟁이넝쿨도 다시 푸른 잎을 틔웠습니다.

반석평은 『통감절요 1』을 읽었습니다. 그것은 중국의 역사책인 『자치통감』을 요약한 책이었습니다. 역사책은 한자 공부도 하고 역사 공부도 할 수 있어 재미있었습니다.

마당에서 땔감을 정리하는데 이 참판의 소리가 들렸습니다.

"누구 없느냐?"

반석평이 얼른 사랑채 앞에 갔습니다.

"석평이 대령하였사옵니다."

"들어와 다리 좀 주물러라."

반석평이 방에 들어가 이 참판의 다리를 주무르기 시작했습니다.

다리를 주무르던 반석평의 눈이 커졌습니다. 이 참판 책상을 힐끗 보다가 『통감절요 2』를 발견했기 때문입니다. 얼마 전 『통감절요 1』을 읽은 후 아직 2권을 구하지 못하고 있었습니다. 반석평은 고개를 쭉 뻗어 『통감절요 2』를 들여다보았습니다.

이 참판이 말했습니다.

"더 세게 주물러라."

"예."

이 참판 말에 화들짝 놀란 반석평이 책에서 눈을 떼고 다리를 주물렀습니다. 그것도 잠시, 얼굴이 다시 책으로 향했습니다. 다리를 주무르던 손길이 멈췄습니다.

이 참판이 휙 몸을 일으켰습니다.

반석평은 그것도 모르고 뚫어지게 책을 보는 중이었습니다.

"고얀 놈! 지금 뭐하는 게냐?"

소원을 들어주마

"나리 잘못했습니다. 책에 정신이 팔려……."
"읽지도 못하는 책을 왜 보는 게냐?"

"……소인, 읽을 줄 아옵니다."

"읽을 줄 안다고?"

이 참판은 의아한 얼굴로 『통감절요 2』를 반석평에게 건넸습니다.

"노비가 주인에게 거짓말을 하면 어떤 벌을 받는지 알렸다? 읽어 보아라."

조선 시대에는 노비가 주인에게 죄를 지으면 주인이 노비를 마음대로 벌해도 상관없었습니다. 그래서 주인이 노비를 때려 죽이는 일도 종종 있었습니다.

반석평이 책을 읽기 시작했습니다. 잠시 후, 이 참판이 물었습니다.
"방금 읽은 게 어떤 내용이냐?"
"중국 한나라 황제가 북쪽 오랑캐를 무찌르는 내용이옵니다."
이 참판이 눈을 크게 뜨고 물었습니다.
"글을 누구한테 배운 게냐?"
"스스로 익혔나이다. 공부를 하고 싶어서……."
"공부는 왜 하는 게냐?"
"과거를…… 보려 하옵니다."
"노비가 과거를 볼 수 있느냐, 없느냐?"
반석평은 대답하지 못했습니다. 노비는 과거를 볼 수 없었기 때문입니다. 순간, 반석평의 눈에 눈물이 그렁그렁 맺혔습니다.

간신히 눈물을 참고 반석평이 말했습니다.
"노비가 과거를 볼 수 없음을 알고 있사오나……."
"알고 있는데?"
"그것이…… 소인의 평생 꿈이옵니다."
이 참판이 물끄러미 반석평을 바라보더니 입을 열었습니다.
"나가 보거라. 이 책은 빌려 주마. 시간 날 때 읽거라."
예상치도 못한 말에 반석평은 몇 번이나 감사의 절을 한 후 방을 나갔습니다.

며칠 후, 이 참판이 반석평을 불러 그동안 공부한 것을 물었습니다. 반석평은 『통감절요 2』를 다 보았다고 했습니다. 그러곤 읽은 내용을 말했습니다.

그 후에도 이 참판은 반석평을 몇 차례 불러 무슨 공부를 하는지 물었습니다. 반석평은 자기가 공부하는 것을 있는 그대로 말했습니다.

어느 여름날, 이 참판이 반석평을 불렀습니다.

"지금도 과거를 보고 싶으냐?"

"예."

"좋다. 네 소원을 들어주마."

"예?"

"노비 장부에서 네 이름을 지워 주마. 풀려난다고 공부를 마음껏 할 순 없을 것이다. 내가 아는 사람 중에 아들 없는 사람이 있다. 그 집에 양자로 들어가거라."

반석평은 노비에서 벗어나게 해 주는 것도 믿을 수 없고 다른 집에 양자로 보내 준다는 말도 놀라웠습니다.

이 참판이 말했습니다.

"양자로 가면 우리 집에 드나들어선 안 된다. 네가 과거에 노비였단 사실을 굳이 알릴 필요가 없지 않겠느냐?"

"어찌 나리의 말씀을 거역하겠나이까."

그날 이 참판은 반석평이 보는 앞에서 노비 문서를 불태웠습니다. 그 순간 반석평은 깊은 동굴에서 빠져나온 기분이 들었습니다.

며칠 후, 반석평은 이 참판 집을 떠나 다른 집의 양자로 들어갔습니다. 낳아 준 부모는 아니지만 자기를 길러 줄 새 부모가 생긴 것입니다.

반석평은 이때부터 더 열심히 공부하였습니다.

10여 년이 흘렀습니다. 중종 임금이 나라를 다스리던 1507년 반석평은 꿈을 이루었습니다. 과거에 합격한 것입니다.

과거에 합격한 후 반석평은 이 참판 집에 갔습니다. 그사이 늙고 병든 이 참판은 반석평의 합격을 자기 일인 양 축하해 주었습니다.

이오성의 소식도 들었습니다. 이오성은 과거를 포기하고 문음 혜택을 받아 지방에서 종9품의 낮은 벼슬을 한다고 했습니다.

벼슬에 오른 반석평은 열심히 일해서 왕을 가까이에서 모시는 예문관 검열 벼슬에 올랐습니다.

몇 년 후, 반석평은 지방을 다스리는 수령으로 임명되어 한양을 떠났습니다. 반석평은 수년 동안 여러 지방을 돌며 수령으로 일했습니다. 그사이 이 참판도 반석평의 양부모도 돌아가시고, 이오성의 소식도 끊어졌습니다.

수령으로 열심히 일한 공로를 인정받은 반석평은 임금의 부름을 받고 다시 한양으로 올라왔습니다.

몇몇 벼슬자리를 거친 후 반석평은 형조판서가 되었습니다. 형조는 법률에 관한 일을 하는 관청입니다. 판서는 형조에서 가장 높은 벼슬로, 지금으로 치면 장관 자리입니다. 판서 밑에는 참판이 있었습니다. 과거 이 참판이 올랐던 벼슬보다 더 높은 벼슬에 오른 것입니다.

형조판서로 임명된 며칠 후의 일입니다.

이른 아침, 반석평은 궁궐에 들어가기 위해 가마에 올라탔습니다.

앞에 선 하인이 소리를 질렀습니다.

"길을 비켜라. 판서 나리 나가신다."

반석평 일행이 큰 거리를 지날 때였습니다. 가마에서 주변을 둘러보던 반석평이 갑자기 소리쳤습니다.

"멈춰라!"

반석평은 가마에서 내려 길모퉁이에 앉아 있는 남자에게 걸어갔습니다. 남자는 찌그러진 갓에 해진 도포를 입고 있었습니다. 벼슬이 없는 가난한 양반인 듯했습니다.

그의 얼굴을 물끄러미 바라보던 반석평이 말했습니다.

"저를 모르시겠습니까?"

의리 있는 사람

반석평의 말에 고개 숙인 선비가 말했습니다.

"누구신데 이러시옵니까?"

"저를 보소서, 도련님. 어릴 때 참판 어른 댁의 종이었던 석평이입니다."

"석평이? 그렇다면…… 반석평?"

"그러하옵니다."

반석평이 우연히 만난 사람은 이 참판의 아들 이오성이었습니다. 이오성은 어떤 사건에 휘말려 벼슬에서 물러났습니다. 이 참판이 죽은 후 집안이 기울었고 이오성은 벼슬도 재산도 없는 가난한 선비가 되고 말았습니다.

이오성도 반석평을 만난 게 반가웠습니다. 그러나 반가움도 잠시, 부끄러운 마음이 들었습니다.

옷차림을 보니 반석평은 높은 벼슬에 오른 게 분명했습니다. 자기 집에서 일하던 노비는 높은 벼슬에 올랐는데 자기는 거리에 나앉은 신세가 되고 말았으니 어찌 부끄럽지 않았겠어요.

"과거에 합격하셨다는 이야긴 오래전에 들었습니다."

"참판 어른과 도련님의 은혜 덕분이옵니다."

"도련님이라뇨? 사람들이 듣습니다. 지난 일은 잊고 가던 길을 가시지요."

"아니옵니다. 참판 어른이 돌아가셨을 때 제가 지방에 있어서 가지도 못했습니다. 큰 죄를 지었습니다. 도련님도 제가 먼저 찾아뵈었어야 했는데……."

사람들이 하나둘 반석평과 이오성 주변에 몰려들어 대화를 엿듣더니 이내 수군거렸습니다.

"판서 영감이 어릴 적 양반집 하인이었구나."

"하인? 그럼 노비였단 얘기네?"

"노비 신분에 어떻게 과거에 합격했을꼬?"

반석평이 이오성의 손을 잡고 말했습니다.

"근처에 집이 있습니다. 모시겠습니다."

"궁궐에 가시는 길인 것 같은데 그냥 가시지요."

"시간은 넉넉합니다."

이오성을 데리고 집으로 돌아간 반석평은 아내와 아이들에게 이오성을 소개했습니다. 그러고 나서 빨리 아침상을 내오게 한 후, 반석평은 궁궐로 갔습니다.

하늘을 나는 새보다 빠른 것이 소문입니다. 반석평이 하인이었다는 소문은 삽시간에 궁궐에도 퍼졌습니다. 노비 출신이라면 벼슬에서 물러나야 한다고 주장하는 사람도 있었습니다. 임금도 반석평의 과거에 대해 알게 되었습니다.

이튿날 반석평이 궁궐에 들어갔을 때 임금이 말했습니다.

"형조판서! 어릴 때 양반집 하인이었다는 게 사실인가?"

"신이 어찌 전하를 속일 수 있겠나이까. 어릴 적 신분이 문제가 된다면 당장 벼슬에서 물러나겠사옵니다."

반석평은 어릴 적에 이 참판 집 하인이었다는 사실부터 우연히 이오성을 만난 이야기를 솔직하게 털어놓았습니다.

이야기를 다 들은 임금이 신하들에게 물었습니다.

"경들은 형조판서에 대해 어떻게 생각하오?"

평소 바른 말을 잘하는 이조판서가 말했습니다.

"신분을 속여 과거에 합격하는 것은 부정한 일이옵니다. 허나 형조판서 반석평은 다르옵니다. 그의 주인이 노비 문서를 불태웠습니다. 노비 신분에서 벗어난 후 과거에 합격했으니 부정한 일이 아니라고 생각하옵니다."

다른 신하도 거들었습니다.

"옛 주인집 아들을 만나 은혜를 갚으려고 했다 하니, 참으로 의리 있는 행동입니다."

이야기를 들은 임금이 입을 열었습니다.

"과인의 생각도 그러하다. 은혜를 모르는 자가 어찌 사람이라 하겠는가. 반석평은 아름다운 사람이다. 벼슬자리에서 물러날 필요가 없다. 그리고 이오성이란 선비가 벼슬이 없다 하니 그에게도 작은 벼슬을 내려 주도록 하라."

왕의 명령에 따라 반석평은 아무 문제없이 형조판서 자리를 지켰고, 이오성도 벼슬자리를 얻었습니다.

반석평 이야기는 한양 사람들 사이에 화제가 되었습니다. 사람들은 입을 모아 반석평을 칭찬했습니다.

"노비 출신이 글공부를 했다니 대견하구나! 노력하고 또 노력해서 과거에 합격했다니 장하구나! 출세한 후에도 옛 은혜를 잊지 않았다니 참 아름답구나!"

이곳이 궁금해

조선 사람의 집 기와집과 초가집

조선 사람들이 살았던 집은 어떤 모습이었을까요?
 양반과 부자들은 기와를 얹은 기와집에서 살았어요. 기와집은 화려하게 지으면 안 되었는데, 대표적으로 벽, 기둥, 천장에 그림이나 무늬를 넣는 단청이 금지되었어요. 단청은 궁궐, 절 같은 곳에서만 할 수 있었답니다.
 조선 시대에는 집을 지을 때 간(한 간은 1.81미터)이라는 단위를 사용했는데, 집을 지나치게 크게 짓는 것을 제한해 99간 이상의 집을 짓지 못하게 했어요.
 평민, 천민이 살았던 집은 초가집이었어요. 초가의 지붕은 벼를 수확하고 난 다음에 나오는 볏짚으로 덮었어요. 이보다 가난한 집은 억새풀을 덮기도 했답니다. 초가집은 대부분 일(一)자형으로 부엌 1칸, 방 2칸의 작은 규모였어요. 이런 조그만 집을 초가삼간이라고 불렀지요.

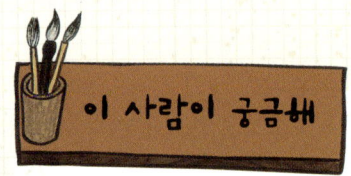

죄를 지었으면 벌을 받아야지, 판사와 죄인

요즘 재판장에는 판사, 검사, 변호사가 있어요. 조선 시대엔 이런 역할이 뚜렷하게 나눠져 있지 않았답니다. 그래도 재판은 있었고 죄를 지은 사람에게 주는 여러 가지 벌이 있었어요.

조선 시대에는 지방의 관아가 재판장이었고, 수령(지방을 다스리는 관리)이 판사 역할을 했어요. 재판에 참여하는 검사, 변호사는 따로 없었답니다.

수령은 가벼운 죄를 지은 사람에겐 태형을 주었어요. 태형이란 회초리로 죄인의 엉덩이를 때리는 벌인데, 죄에 따라 10대, 20대, 30대, 40대, 50대를 때렸어요. 더 큰 죄를 지을 경우 장형을 주었어요. 장형은 버드나무 몽둥이로 엉덩이를 때리는 벌이었어요.

돈이 많은 사람은 자기 하인이 대신 매를 맞게 하거나 가난한 사람에게 돈을 주고 대신 매를 맞게 하였답니다. 『흥부전』을 보면 가난한 흥부가 가족을 먹일 식량을 구하려고 부자에게 매값을 받고 매를 대신 맞으려고 하는 이야기가 나와요.

나랏일에 관련된 중요한 재판은 지방이 아닌 한양에서 했어요. 재판 장소는 주로 의금부나 사헌부였어요.

반란 사건 등 심각한 사건은 왕이 직접 죄인을 심문하기도 했어요. 이때 임시

　심문장을 설치하는데 이를 국청이라고 해요. 이밖에도 한양에는 평민들을 재판하고, 강도와 절도 사건을 주로 다루는 포도청, 도망간 노비를 쫓는 장례원, 백성들 사이의 다툼을 판결하는 한성부 등의 관청이 있었어요.

　한양에서 재판을 할 경우 태형, 장형 외에 유형이라는 벌을 주는 경우가 있어요. 죄인을 집에서 멀리 떨어진 곳으로 귀양 보내는 벌이에요.

　가장 무서운 벌은 목숨을 빼앗는 사형이었어요. 사형은 반란을 일으키거나 가족을 죽이는 등 사람의 도리에 어긋나는 일을 저질렀을 때 주는 벌이었어요.

　또 강도 등 나쁜 행동을 한 사람은 다시는 그러지 못하게 얼굴에 강도라는 문신을 새기는 자자형을 주기도 했답니다. 자자형은 범죄를 예방하는 효과가 있을지 몰라도 인권을 무시하는 잔인한 벌이었어요.

　조선 후기, 영조 임금은 벌을 받은 사람이 큰 피해를 입는 일이 없게 하려고 법으로 정한 수 이상으로 매를 때릴 땐 수령을 벌주는 법을 새로 만들었어요. 또 정조 임금은 죄인이 감옥에 있을 때 밧줄로 손을 묶거나 몸에 형틀을 씌우지 못하게 하라는 명령을 내리기도 했답니다.

나라의 노비에서 과학자가 된
장영실

이놈, 당장 말에서 내려라

세종 대왕이 조선을 다스리던 1420년경, 청년 장영실이 한양을 감싸고 흐르는 한강에 도착했습니다.

아래에 노량 나루터가 보였습니다. 장영실은 열흘 전 고향인 부산의 동래를 떠났습니다. 그는 동래 관청의 노비로, 관청에 필요한 물건을 만드는 기술자였습니다.

한 달 전, 한양에 있는 공조(건축, 기술 분야를 담당하는 관청)에서 동래 수령에게 편지 한 통을 보냈습니다.

전하께서는 나라의 발전을 이끌 훌륭한 기술자가 필요하다 하셨다.
전하의 뜻을 받들어 이번에 궁궐에서 일할 기술자를 뽑으려고 한다.
동래 수령은 기술이 좋은 사람을 하나 뽑아 한양으로 보내도록 하라.

수령은 장영실을 한양에 보낼 사람으로 정했습니다. 장영실은 동래에서 가장 뛰어난 기술자였기 때문입니다.

장영실은 홀어머니와 이별하는 것이 슬펐습니다. 그래도 어머니는 아들을 떠나보내면서 격려해 주었습니다.

"가거라. 한양에 가서 네 꿈을 펼쳐라."

동래를 떠난 장영실은 밀양-청도-상주-충주-용인을 거쳐 한양으로 올라갔습니다.

말이 잘 달려 준 덕분에 장영실은 무사히 한양 근처에 도착할 수 있었습니다.

"다 왔어. 조금만 참아."

장영실이 말 등을 쓰다듬은 후 나루터로 내려갔습니다.

나루터에는 군관과 군졸이 있었습니다.

"어디서 온 놈이냐?"

그들의 말이 기분 나빴지만 장영실은 꾹 참았습니다. 동래에 살 때도 양반들에게 이놈 저놈 소리를 들었습니다.

"경상도 동래에서 온 장영실이옵니다."

"신분을 밝혀라."

"동래 관청의 노비올시다."

군관이 칼을 뽑았습니다.

"고얀 놈! 얼른 말에서 내리지 못할까?"

"네? 무슨 잘못을 했기에?"

"말이 많다. 냉큼 내려라!"

장영실이 엉거주춤 말에서 내렸습니다.

"넌 큰 잘못을 하였다. 나라의 법을 어겼다."

장영실은 어리둥절했습니다. 어떻게 나라의 법을 어겼다는 것인지 도통 알 수 없었습니다.

군졸이 방망이를 흔들며 말했습니다.

"법을 어겼으니 매 좀 맞아야겠구나."

"무슨 잘못을 했는지 이유는 알아야 하지 않겠습니까?"

군관이 장영실에게 얼굴을 들이대며 말했습니다.

"무식한 노비니까 모를 수도 있겠구나. 노비는 한양에서 말을 탈 수 없다. 그게 나라의 법이다."

노비는 한양에서 말을 탈 수 없다니, 이게 어떻게 된 일일까요?

1400년, 세종 대왕의 아버지인 태종은 이런 명령을 내렸습니다.

"계급에 따라 다른 색깔의 옷을 입도록 하라. 평민이나 천민이 양반 옷을 입으면 곤장 80대를 때려라. 또 천민은 한양 땅에서 말을 타고 다니지 못하게 하라."

이때부터 한양에서 천민은 말을 탈 수 없게 되었습니다.

장영실이 빙그레 웃었습니다.

"이놈 보게? 용서해 달라고 빌어도 시원찮을 판에 웃어?"

"나리, 저는 아직 잘못한 게 없사옵니다."

"뭐라? 잘못한 게 없다고?"

노비는 너뿐이다

장영실이 손으로 땅을 가리키며 말했습니다.

"제가 지금 발을 딛고 선 땅은 한양 땅이 아니라 경기도 과천 땅이올시다. 한강을 건너가야 한양 땅인 게지요. 그러니 법을 어긴 게 아니지 않습니까?"

장영실의 말은 맞았습니다. 지금은 노량진이 서울시에 속한 땅이지만 조선 시대에는 경기도 과천 땅이었답니다.

말문이 막힌 군관이 목소리를 높이며 물었습니다.

"당돌한 놈이로구나. 동래 촌놈이 한양엔 왜 온 게냐?"

"공조의 부름을 받았사옵니다."

장영실이 공조에서 보낸 편지와 동래 수령이 쓴 편지를 꺼냈습니다. 편지를 읽은 후 군관이 길을 비켜 주며 말했습니다.

"명심해라. 한양 땅에 닿으면 말을 타선 안 된다."

'노비는 말도 마음대로 탈 수 없다니…….'

장영실은 우울했습니다.

장영실은 말과 함께 배에 올랐습니다. 두 명의 사공이 노를 젓자 배는 천천히 강 건너편 한양을 향해 움직이기 시작했습니다.

장영실은 넓은 한강을 보며 우울한 마음을 달랬습니다.

'한강은 듣던 대로 큰 강이구나. 이 큰 강도 처음에는 산에 있는 작은 옹달샘에서 시작되었을 것이다. 나도 옹달샘처럼 작은 사람이지만 열심히 살면 이 한강처럼 큰 사람이 될 수 있을 거야.'

한강을 바라보다 호기심이 생긴 장영실이 사공에게 물었습니다.

"한강을 건너려면 배를 타야만 합니까?"

"다른 방법이 없잖소."

"다리를 세워 건너면 되잖아요?"

"말이 되는 소릴 하쇼. 이 넓은 한강에 어떻게 다리를 세운다는 거요?"

장영실은 배가 한양 땅에 도착할 때까지 한강에 다리 놓는 방법을 생각했습니다.

'집을 지을 때 기초가 튼튼해야 한다. 다리도 마찬가지다. 흐르는 강물에 버티려면 다리 기둥은 돌로 만들어야 한다. 돌기둥을 강에 차례대로 박은 다음 넓은 나무 널빤지를 덮어서 고정시켜야 한다.'

차근차근 방법을 연구하던 장영실은 옆 사람이 들릴 정도로 탄식했습니다.

"……아, 지금은 힘들겠구나."

장영실은 두 가지 문제 때문에 돌다리를 세우는 게 불가능함을 깨달았습니다.

첫째는 운반 도구였습니다. 한강에 다리를 세우려면 큰 돌기둥을 만들어야 하는데 그 돌기둥을 옮길 운반 도구가 없었습니다.

둘째는 돌기둥을 한강으로 가져와도 강바닥에 박을 방법이 없었습니다. 물이 흐르는 강에 돌기둥을 세우는 것조차 힘든데 강바닥에 박는 건 더 힘들 게 뻔했습니다.

사공이 장영실에게 물었습니다.

"왜 한숨을 쉬쇼?"
"한강에 돌다리를 세울 마땅한 방법이 없어서 그럽니다."
"불가능한 일은 꿈도 꾸지 마쇼!"
"무조건 불가능한 일은 아닙니다. 언젠가 기술이 발전하면 가능할 겁니다."

장영실의 생각은 들어맞았습니다. 500여 년이 지난 지금, 우리는 한강 다리를 건너고 있으니까요.

배가 한양 쪽 용산 나루에 도착했습니다. 군관의 경고가 떠올라 장영실은 말고삐를 쥐고 걸었습니다.

용산을 지난 장영실이 도성 입구에 도착한 것은 늦은 오후였습니다. 한양의 남쪽 출입문인 숭례문을 지나 성안으로 들어서는 순간 외롭다는 생각이 들었습니다. 한양에는 아는 사람이 하나도 없었기 때문입니다.

한양에 아는 사람은 없지만 천한 노비도 나라의 인재로 쓰겠다는 딱 한 사람, 바로 임금님이 있어서 그나마 위안이 되었습니다.

심호흡을 크게 하고 숭례문 안으로 들어온 장영실은 눈이 핑핑 돌아갈 정도로 정신이 없었습니다. 한양의 성안에는 약 10만 명이 산다고 들었는데, 실제로 거리마다 사람들이 넘쳤습니다.

장영실은 동래를 떠날 때 한양 지리를 잘 아는 사람이 해 준 말이 떠올랐습니다.

"숭례문에서 북쪽을 바라보면 산이 보일 걸세. 북악산이야. 북악산 방향으로 난 큰길을 올라가다 보면 큰 문이 나타날 거야. 경복궁의 출입문인 광화문이지. 공조는 광화문 앞 육조거리에 있다네."

광화문 앞 공조에 도착한 장영실이 그곳 서리(벼슬아치 밑에서 실무를 담당하는 하급 관리)에게 동래 수령이 적은 추천장을 주었습니다.

"노비로구나."

"그러하옵니다."

"동래 수령도 한심한 자로군. 어떻게 노비를 추천했을꼬? 노비가 뭘 안다고."

서리가 빈정거렸습니다.

"노비 주제에 시험에 합격할 수 있겠나?"

장영실은 한양에 오면 저절로 궁궐 기술자가 되는 줄 알았기에 시험을 쳐야 한다는 소리에 눈앞이 캄캄했습니다.

"어떤 시험을 치르옵니까?"

"필기시험이다. 시험을 치는 자 중에 노비는 너뿐이다."

필기시험이란 말에 힘이 쭉 빠졌습니다. 물건 만드는 건 자신 있었지만 필기시험은 달랐습니다. 글을 읽고 쓸 줄만 알지 문장 실력이 없었기 때문입니다. 글씨도 비뚤비뚤했습니다.

서리의 방을 나오며 장영실이 중얼거렸습니다.

"필기시험, 필기시험……. 아, 이를 어쩐다."

세 가지 문제

이틀이 지나 시험 날이 되었습니다. 장영실을 포함한 30명의 수험생이 시험장인 공조 마당에 모였습니다. 마당에는 수험생이 앉을 거적이 깔려 있었습니다.

공조 서리가 말한 대로 수험생 중에 노비는 장영실뿐이었고, 대부분 서당에서 글을 배워서 글씨를 잘 쓰는 중인들이었습니다.

잠시 후, 연푸른색 도포를 입은 남자가 나타났습니다.

"나는 시험을 감독할 공조의 낭관(정5품의 벼슬)이다. 지금부터 문제를 세 번 들려줄 터이니 외우도록 하라."

낭관이 천천히, 큰 소리로 문제를 읽기 시작했습니다.

"첫 번째! 우리 조선에서는 구리, 납 같은 금속으로 활자를 만들어 인쇄한다. 인쇄 방법은 다음과 같다. 글자에 따라 수십만 개의 금속 활자를 만든다. 다음, 인쇄에 필요한 금속 활자들을 골라 인쇄를 준비한다. 다음, 판 위에 금속 활자를 고정시키기 위해 밀랍(꿀벌이 분비하는 끈끈한 성질의 물질)을 바른다. 다음, 인쇄할 내용에 맞춰 구리판 위에 금속 활자를 박는다. 다음, 밀랍이 굳어 금속 활자가 고정되면 그 위에 먹을 묻히고 종이를 덮어 인쇄한다.

문제는 이것이다.

밀랍을 이용한 금속 활자 고정은 문제가 있다. 인쇄를 많이 하면 밀랍이 말라 터져서 판에 배열한 금속 활자가 밀려나 인쇄가 비뚤해지는 경우가 있다. 금속 활자를 튼튼하게 고정시키는 방법을 찾아서 적어라.

두 번째! 종이는 궁궐에서도 아껴 쓰는 귀한 물건이다. 한 번 쓴 종이를 버리는 것은 낭비다. 종이는 얼마든지 재활용할 수 있다.

어떤 방법으로 먹 글자를 쓴 종이를 새 종이로 재활용할 수 있을까? 종이가 조금도 상하지 않게 하면서 종이를 재활용할 수 있는 방법을 적어라.

세 번째! 마지막 문제는 자기 생각을 밝히는 문제다. '너의 꿈은 무엇인가?' 이 주제로 자기 생각을 자유롭게 적도록 하여라."

비뚤비뚤 답안지

장영실은 1번 문제가 어려웠습니다. 2번을 풀고 1번을 풀기로 결심했습니다.

'종이를 재활용하는 법이라?'

골똘하게 생각하니 문제의 답이 떠올랐습니다.

동래 관청에서 일할 때 이방(수령을 돕는 공무원) 어른이 하인에게 책 꾸러미를 들게 해서 밖으로 나간 일이 있었습니다. 개울에 종이를 씻으러 간다고 했습니다.

장영실은 생각했습니다.

'먹은 물이 묻으면 지워진다. 먹이 지워진 종이를 잘 말리면 종이를 재활용할 수 있다.'

그렇게 생각하니 문제가 쉽다는 생각이 들었지만 문제에 함정이 있을지 모르니 한 번 더 생각했습니다.

아까 낭관이 들려준 말이 떠올랐습니다.

'종이가 조금도 상하지 않게 하면서 종이를 재활용할 수 있는 방법을 적어라.'

장영실은 이 문제의 핵심은 종이가 '상하지 않게 하는 것'임을 알아차렸습니다. 종이를 물에 씻다 보면 얇은 종이가 찢어질 수 있기 때문입니다.

'어떻게 하면 종이가 상하지 않게 씻을 수 있을까?'

장영실은 생각하고 또 생각했습니다.

물에 종이를 넣을 때 종이를 안정적으로 받쳐 주는 장치가 있으면 좋을 거란 생각이 들었습니다. 그 장치는 당연히 물이 잘 빠지는 장치여야 했습니다.

좋은 생각이 났습니다.

대나무 소쿠리에 종이를 얹은 후 물속에 담가서 종이를 씻는 방법이었습니다. 종이가 상하지 않게 하려면 소쿠리를 만들 때 촘촘하게 만들어야 할 것입니다.

장영실은 답을 적은 후 머리를 절레절레 흔들었습니다. 글자가 비뚤비뚤했습니다.

'글씨를 못 썼다고 보자마자 팽개치지는 않을까?'

장영실은 걱정을 떨치고 1번 문제에 도전했습니다.

장영실은 금속 활자에 대해서는 잘 몰랐습니다. 금속 활자는 한양에만 있었거든요. 조선 정부는 한양에서 책을 인쇄해 지방 관청에 보내 주었습니다. 그래서 책이 없는 사람은 붓으로 책을 베껴야 했습니다.

아무리 생각해도 좋은 방법이 떠오르지 않았습니다. 그렇게 한 시간이 흘렀습니다. 갈수록 초조했습니다.

'3번 문제도 풀어야 하는데 1번에서 막히고 있으니……'

문득 이번 겨울의 일이 떠올랐습니다.

유난히 춥던 날, 문고리가 떨어졌는데 다시 문고리를 박으려고 해도 망치가 보이지 않았습니다. 문을 닫지 못하면 밤새도록 찬바람을 맞으며 자야 할 판이었습니다.

그날 장영실은 방에 있던 쇠가죽 조각을 문과 문틀 사이에 끼웠습니다. 쇠가죽 조각이 문과 문틀을 죄어 주는 역할을 해 문은 바람에도 열리지 않았습니다.

장영실이 무릎을 탁 치고, 답을 적기 시작했습니다.

> 활자를 튼튼하게 고정시키기 위해서는 금속 활자 사이가 떨어지지 않게 하면 됩니다.
>
> 활자 사이에 아주 가는 대나무 조각을 끼워 넣습니다. 대나무 조각은 금속 활자 사이를 죄어 주는 역할을 할 것입니다. 이 방법을 사용하면 여러 번 인쇄해도 금속 활자가 밀려 나가는 일은 없을 것입니다.

3번 문제는 어렵지 않았습니다. 장영실에겐 오래전부터 키워 온 꿈이 있었습니다.

저는 글공부를 제대로 못하여 좋은 정책을 펴고 좋은 책을 쓸 재주는 없사옵니다. 그래도 저에게는 꿈이 있사옵니다. 사람들이 사는 데 조금이라도 도움이 되는 물건을 만드는 꿈입니다.

농부들이 농사를 잘 지을 수 있도록 좋은 농기구를 만들고 싶습니다. 군인들이 전쟁터에서 잘 싸울 수 있는 좋은 무기를 만들고 싶습니다. 상인들이 편리하게 장사하도록 좋은 저울과 수레를 만들고 싶습니다.

답안지를 들고 일어나며 '틀리면 어떡하지?' 하는 불안한 생각이 들었습니다. 그래도 속은 후련했습니다. 최선을 다했으니 떨어져도 부끄러울 게 없다고 생각했습니다.

답안지를 받은 낭관이 이맛살을 찌푸렸습니다.

"허허! 글씨가 춤을 추는구나."

그 말에 장영실은 다시 불안해졌습니다.

왕따

합격자 발표일이 되었습니다.

날이 밝자마자 장영실은 공조로 달려갔습니다. 장영실보다 먼저 온 사람들이 공조 앞을 기웃거리고 있었습니다.

잠시 후, 서리가 나타나 손에 든 두루마리를 벽에 붙였습니다. 합격자를 보려고 사람들이 우르르 벽보 앞으로 달려갔습니다.

사람들을 헤치고 앞으로 나간 장영실의 입이 떡 벌어졌습니다. 세 명의 합격자 이름에서 자기 이름을 발견한 것입니다. 그것도 맨 앞에 있었습니다.
　장영실이 서리에게 물었습니다.
　"나리, 이름이 앞에 있는 건 무슨 의미인가요?"
　"네가 장영실이냐? 일등이란 뜻이다. 낭관 나리가 찾으신다. 따라오너라."
　믿을 수 없었습니다. 꿈만 같았습니다.
　서리가 장영실의 소매를 당겨 공조 안으로 데려갔습니다.
　장영실을 본 공조 낭관이 말했습니다.
　"이 옷으로 바꿔 입고 머리도 단장하여라."
　"왜 몸단장을……?"
　"전하께서 너를 만나고 싶어 하신다."
　임금이 자기를 보고 싶어 한다니! 장영실은 입을 벌린 채 아무 말도 못 하였습니다.
　장영실은 공조에서 준비한 도포로 갈아입었습니다. 태어나 처음 입는 도포였습니다.
　낭관의 뒤를 따라 육조거리를 지나 광화문으로 향했습니다. 광화문을 지나 몇 개의 문을 거쳐 편전(임금이 일을 하는 곳)에 도착했습니다. 임금을 만난다는 생각에 다리가 후들거렸습니다.
　승지(임금의 비서)가 편전의 문을 열고 아뢰었습니다.
　"전하! 장영실을 데려왔나이다."

젊고 힘찬 왕의 목소리가 들렸습니다.

"안으로 들여라."

장영실은 두 손을 모으고 안으로 들어갔습니다.

"오, 네가 영실이냐? 가까이 오도록 하라."

장영실이 고개를 숙인 채로 무릎을 꿇었습니다.

"고개를 들라."

간신히 고개를 든 장영실은 태어나 처음으로 조선의 왕 세종의 얼굴을 보았습니다.

세종은 생각했던 것보다 젊었습니다. 장영실 또래의 나이로 보였습니다. 인상적인 것은 맑은 눈빛이었습니다. 그 눈빛은 왕이 지혜로운 사람임을 보여 주었습니다.

"너를 특별히 보고 싶었다."

왕에게 감사의 말을 해야 하는데 적당한 말이 떠오르지 않았습니다. 장영실은 고개를 숙이고 또 숙였습니다.

"글공부는 어디서 하였느냐?"

장영실이 떨리는 음성으로 말했습니다.

"소인은 경상도 동래 땅에서 관기(관청의 기생)의 아들로 태어나……."

장영실의 이야기를 들은 세종이 물었습니다.

"금속 활자 사이에 대나무 조각을 끼우는 것은 얼마 전 한 신하가 고안한 방법이다. 그리고 종이를 씻을 때 대나무 체로 받치는 방법을 알아낸 것은 역사책을 기록하는 사관들이었다. 너는 그것을 어떻게 알았느냐?"

"제 스스로 생각하여 방법을 찾아냈나이다."

"놀라운지고."

칭찬에 얼굴이 붉어졌습니다. 평생 노비라는 이유로 차별과 무시를 당해 왔는데 지금 조선에서 가장 높은 사람이 자기를 칭찬하다니. 장영실은 꿈만 같았습니다.

세종이 말했습니다.

"나는 조선을 강한 나라로 만들고 싶다. 군사력이 세다고 강한 나라가 되는 게 아니다. 수준 높은 문화와 기술을 갖춰야 한다. 너는 오늘부터 궁궐 기술자로 일하라. 네 역할은 우리 조선의 과학 기술을 발전시키는 것이다. 너에게도 그런 꿈이 있다고 했지? 그것은 나의 꿈이기도 하다."

"깊이 명심하겠나이다."

"네가 일할 곳은 관상감이다. 관상감은 태양과 달 그리고 별자리를 관찰하는 기구니라."

편전 밖으로 나왔을 때 승지가 장영실에게 말했습니다.

"전하를 뵈옵다니, 노비 녀석이 재주도 좋구나."

"……."

"저 사람을 따라가라. 관상감 서리다."

관상감 서리는 승지에게 꾸벅 절을 하곤 장영실을 데려갔습니다.

관상감은 궁궐 뒤 구석진 곳에 있었습니다.

서리가 장영실을 관상감 관리들이 먹고 자는 방으로 데리고 들어갔습니다. 숙직을 앞둔 기술자들에게 서리가 장영실을 소개했습니다.

기술자들이 장영실에게 이런저런 소리를 했습니다.

"동래 촌놈이 너로구나."

"그러하옵니다."

"노비라고?"

"그러하옵니다."

"노비가 공조 시험엔 어떻게 붙었을꼬?"

"……."

이때 가장 나이가 많아 보이는 관리가 말했습니다.

"너는 이 방에서 잘 수 없다."

고개를 숙인 채 "예예." 하던 장영실이 이유를 몰라 고개를 번쩍 들었습니다.

"관상감에서 직위가 가장 낮은 사람이 종9품이다. 넌 계급이 노비다. 어찌 벼슬을 가진 우리와 같은 방에서 잘 수 있겠느냐? 부엌에 딸린 방에서 자거라!"

다른 관리들도 당연하다는 듯 고개를 끄덕였습니다.

첫날부터 장영실은 동료들과 같은 방에서 자지 못하는 신세가 되었습니다. 요즘 말로 하면 노비라는 이유로 왕따를 당한 것입니다.

왕이 아끼는 노비

부엌에 딸린 방은 어둡고 추웠습니다. 잠자리에 든 장영실은 외로웠습니다.

다음 날에도 따돌림은 계속되었습니다. 관상감에서 일하는 관리는 60여 명이나 되었는데, 장영실을 따뜻하게 맞아 주는 사람은 없었습니다.

그나마 관상감에 소속된 노비들이 자신과 같은 출신의 장영실을 대견해했습니다. 그러나 몇몇 노비는 장영실을 질투하여 시답잖은 일로 꼬투리를 잡아 장영실을 골탕 먹이기도 했습니다.

'모두 나 하기에 달렸다. 나는 조선 최고의 기술자가 될 수 있다.'

긍정적인 생각은 장영실을 강하고 참을성이 많은 사람으로 만들어 주었습니다.

장영실은 열심히 일했습니다. 천문대에 나가 별자리를 관찰할 때는 정신을 집중해서 하늘의 조그만 변화도 꼼꼼하게 기록했습니다. 시간이 날 때면 책을 보았습니다.

한 달이 지났습니다. 장영실은 관상감의 일을 자세히 파악할 수 있게 되었습니다. 두 달이 지났을 때는 여느 관상감 관리 못지않은 지식을 갖추게 되었습니다. 여섯 달이 지났을 땐 우수한 천문가가 될 수 있었습니다.

세종은 간혹 관상감에 들러 태양과 달의 움직임 그리고 별자리에 대해서 토론했습니다. 장영실은 처음에 지식이 부족해 묵묵히 토론

하는 것을 듣기만 하였습니다. 그러나 몇 달 후부터 자기 의견을 말할 수 있게 되었습니다.

토론을 마치고 나가던 세종이 장영실을 불렀습니다.

"관상감 일이 어떠냐?"

"하루하루 새 지식을 배우고 익히니 이보다 즐거운 일이 없사옵니다."

"영실아!"

"예, 전하!"

"외롭지 않느냐?"

"……."

"노비라 하여 아무도 너를 거들떠보지 않을 것이다. 참아라. 그리고 실력을 키워라. 그러면 아무도 너를 업신여기지 못할 것이다."

"깊이 새기겠나이다."

1년이 흘렀습니다.

세종의 말을 실천한 장영실은 그새 관상감에서 가장 실력 있는 기술자가 되었습니다.

세종은 이 무렵 혼천의라는 천문 관측기를 만들 계획을 세웠습니다. 혼천의를 만들려면 설계도가 있어야 하는데 조선에는 설계도가 없었습니다.

세종은 세 명의 기술자를 명나라에 보내기로 결정했습니다. 윤사웅, 최천구, 장영실이었습니다. 윤사웅과 최천구는 관상감에서 실력을 인정받은 후 지방의 수령까지 오른 사람들이었습니다. 벼슬이 없

는 사람은 장영실뿐이었습니다.

명나라에는 조선보다 훨씬 많은 천문학 책이 있었습니다. 천문 장비도 뛰어났습니다. 명나라에 간 장영실은 물 만난 고기처럼 열심히 공부했습니다.

1년의 유학을 끝내고 돌아온 장영실은 오자마자 혼천의 제작에 매달리더니 마침내 성공했습니다.

　장영실이 혼천의를 제작한 후 세종은 장영실의 노비 신분을 벗겨 주고 정5품인 상의원 별좌 벼슬을 주려고 했습니다.

　그러자 신하들이 반대하고 나섰습니다.

　"지금까지 노비에게 정5품의 벼슬을 준 일은 없었사옵니다. 장영실이 아무리 뛰어나다 해도 나라의 질서를 바로 세우는 것이 우선이라 생각하옵니다."

　세종은 장영실에게 벼슬 주는 걸 뒤로 미루었습니다.

장영실은 연달아 업적을 세웠습니다. 금속 활자를 개량했고, 해의 그림자 길이를 이용해 시각을 알 수 있는 해시계를 만들었습니다. 또 천문학 책인 『칠정산』을 펴내는 일에도 참여했습니다.

세월이 흘러 장영실은 궁궐 최고의 기술자가 되었습니다. 궁궐 밖에 사는 백성들 중에도 장영실의 이름을 아는 사람이 있을 정도였습니다.

1431년, 세종은 장영실에게 해시계보다 더 정교한 시계를 만들라는 명령을 내렸습니다.

장영실은 3년 동안 연구하여 자격루라는 물시계를 만들었습니다. 자격루는 조선 건국 후 만든 시계 중 가장 정교한 시계였습니다.

자격루를 궁궐에 설치하던 날, 세종은 잔치를 베풀었습니다.

"참으로 기쁜 날이로다. 영실의 정교한 솜씨가 좋은 시계를 만들었다. 나는 영실의 신분을 해방시키고 별좌 벼슬을 주려고 하노라."

이번엔 신하들도 반대하지 않았습니다.

마침내 장영실은 노비 신분에서 벗어났으며 벼슬도 얻었습니다. 높은 벼슬은 아니지만 노비가 벼슬자리에 오른 것은 참으로 드문 일이었습니다.

벼슬을 얻은 후에도 장영실은 연구를 계속해 자격루보다 더 정교한 시계인 옥루를 만들었습니다. 앙부일구라는 이름을 붙인 해시계도 만들었고, 비가 내린 양을 측정하는 측우기도 만들었습니다.

동래에서 한양에 올라올 때 장영실이 품었던 꿈은 과학 기술을 발전시켜 백성들의 생활을 편하게 해 주는 것이었습니다. 장영실은 멋

지게 그 꿈을 이루어 냈습니다.

　긍정적인 생각으로 신분 차별의 서러움을 이겨 낸 사람.

　실력으로 차별의 벽을 뛰어넘은 사람.

　평생을 쉬지 않고 연구에 몸을 바친 부지런한 사람 장영실!

　그는 조선이 낳은 최고의 과학자였습니다.

이곳이 궁금해

조선의 수도 한양

한양은 1394년 조선의 수도가 된 곳입니다. 조선 시대의 한양은 지금의 서울과 비교하면 무척 작았답니다. 서울의 종로구, 중구 지역만 한양 땅이었지요.

수도를 세울 때 먼저 한 일은 궁궐 짓기였어요. 이어서 한양을 둘러싼 성을 쌓았는데, 성의 총 길이는 17킬로미터였습니다. 지금도 서울의 남산에 가면 조선 시대에 쌓은 성의 흔적을 볼 수 있어요.

한양 안에는 여러 동네가 있었는데, 동네 이름은 끝에 방을 붙였어요. 예를 들어 서울시 창신동은 창신방이라고 했습니다. 조선 초기에 한양에는 52개의 방이 있었고, 도성의 인구는 10만 명 정도였답니다.

지금 서울의 땅값은 매우 비싸요. 하지만 조선 시대 한양 사람들은 땅 걱정은 하지 않고 살았어요. 한양 땅은 모두 왕의 것으로, 백성들에게 빌려 준 것이었으니까요.

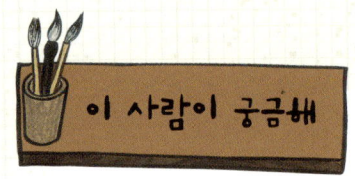
이 사람이 궁금해

조선에서 가장 바빴던 사람 왕

조선 시대에 왕은 매우 바쁘고 스트레스가 많았답니다.

조선 시대엔 왕이 살아 있을 때 왕자들 중에서 왕이 될 사람을 뽑았어요. 이런 왕자를 세자라고 해요. 세자가 되면 몹시 바빠져요. 하루 종일 동궁에서 보통 사람보다 더 많이 공부해야 했어요. 또 왕이 아프면 왕의 일을 대신해야 했답니다.

왕이 된 후엔 훨씬 바빠져요. 왕이 해야 할 일이 만 가지나 된다고 해서 왕의 일을 만기라고 부를 정도였어요.

왕의 하루는 해가 뜨기 전에 일어나 어머니나 궁궐 어른에게 아침 인사를 올리는 것으로 시작했답니다. 인사를 마치면 공부 시간이 기다리고 있었어요. 신하들과 학문, 정치에 대해서 토론하고 공부도 했는데 이걸 경연이라고 했어요.

경연이 끝나면 아침을 먹었어요. 이때부터 왕은 더 바빠져요. 궁궐로 출근한 신하들과 조회라는 회의를 했는데, 나라의 중요한 일은 조회에서 결정했지요.

왕에겐 그림자같이 따라붙는 사람이 있었어요. 왕의 말을 기록하는 사관이지요. 왕은 사관이 옆에 있는 게 싫어도 사관 제도가 법으로 정해져 있어서 자기 말을 기록하지 말라고 할 수도 없었어요. 또 나랏일을 게을리하면 사간원 같은 관청의 관리가 왕에게 쓴소리를 하기도 했어요.

점심을 먹은 후엔 낮 공부인 주강을 했어요. 왕의 체면이 있어 법과 제도에 대해서 가르쳐 주는 신하 앞에서 꾸벅꾸벅 졸기도 힘들었답니다. 공부가 없을 때는 벼슬아치에게 임명장 주기, 지방 관리가 보낸 문서 읽기, 외국 사신 만나기 같은 일을 했어요. 자투리 시간이 나면 궁궐을 산책하거나 활쏘기를 하면서 체력을 단련했고요.

왕은 저녁에도 석강이라는 저녁 공부를 했어요. 잠들기 전에는 다시 궁궐 어른에게 문안 인사를 했습니다. 잠자리에 들어서도 마음이 편치 않았어요. 나라에 대한 온갖 걱정이 머리에 가득했기 때문입니다.

조선 시대에 왕이 바쁜 하루를 열심히 보낼 때는 나라가 발전했어요. 세종, 정조 시대가 그런 때였어요. 반대로 왕이 바쁜 게 싫다며 게으름을 부릴 땐 나라가 혼란스러웠어요.

바쁘고 스트레스가 많았던 왕! 그래서 조선의 왕은 좋은 음식을 먹고 훌륭한 의사가 건강을 돌봐 주었지만 병으로 고생하거나 젊은 나이에 죽은 사람이 많았답니다.

작은 키에도 장군이 된
정충신

땅꼬마

무등산 아래에 있는 전라도 광주의 어느 마을 앞 느티나무에 아이들이 하나둘 모여들었습니다. 그중엔 열두 살의 정충신도 있었습니다. 아이들이 모인 것은 금동이란 양반집 아이가 죽마를 가져왔기 때문입니다.

죽마는 대나무 말이란 뜻으로, 대나무에 발판을 만들어 여기에 올라타서 노는 놀이 도구였습니다.

정충신은 태어나서 죽마를 한 번도 타 보지 못했습니다. 그래서 금동이가 죽마를 가져왔다는 이야기를 듣고 밥을 먹자마자 달려온 길이었습니다.

모인 아이들은 일곱 명이었습니다. 금동이가 죽마에 올라 땅 위를 왔다 갔다 하며 뽐냈습니다.

"나도 타 보자."

"나도!"

아이들은 차례대로 죽마에 올라 땅을 쿵쿵 찍으며 걸어 보았습니다. 정충신도 죽마를 타 보았습니다.

"죽마 경주하자!"

금동이 말에 아이들이 입을 모아 "좋아!" 했습니다.

"편을 가르자. 일곱 명이니까, 한 사람이 부족하네."

"한 사람 빼고 삼 대 삼으로 하자."

"누굴 빼지?"

아이들이 서로의 얼굴을 보았습니다. 아무도 빠지고 싶어 하지 않았습니다.

"충신이가 빠져라."

금동이 말에 정충신이 앞으로 나서며 따졌습니다.

"왜 나야?"

"넌 키가 작잖아. 키가 작으니까 다리도 짧고, 다리가 짧으니 죽마를 내딛는 거리도 짧을 게 뻔해. 네가 들어가는 편은 불리해. 그러니까 빠져."

다른 아이들도 고개를 끄덕였습니다.

금동이 말대로 정충신은 다른 아이보다 키가 작았습니다. 키 작은 서러움을 당한 게 처음은 아니었습니다. 한 달 전에는 덩치가 큰 이웃 마을 아이가 괴롭혀 싸움을 한 적도 있었습니다. 그날 정충신은 싸움에 졌고 억울해서 하루 종일 엉엉 울었습니다.

이뿐만이 아닙니다. 작년 정월 보름날, 윗마을 아이들과 돌 던지기 놀이를 할 때도 키가 작다는 이유로 정충신은 돌 던지기 선수가 되지 못했습니다. 동무들은 쑥쑥 자라는데 자기만 안 자라서 속이 상했습니다.

어른들은 정충신을 땅꼬마라고 불렀습니다. 덩달아 동무들도 땅꼬마라고 놀렸습니다. 정충신은 키가 작다고 부모님을 원망하지는 않았습니다. 부모님도 아들 키가 작은 게 속상할 거라고 생각했으니까요.

금동이가 스무 걸음을 걸어가 돌덩이를 올려놓았습니다.

"여기가 반환점이다. 편을 가르자."

가위 바위 보로 편을 갈랐습니다. 정충신이 긴 가지를 뻗은 느티나무를 부럽게 보는 사이에 죽마 경주가 시작되었습니다. 죽마에 오른 두 아이가 동시에 출발해 반환점을 향해 뒤뚱뒤뚱 걸어가자 아이들이 소리를 지르며 응원했습니다.

처음 타 보는 죽마인지라, 아이들은 빠르지 않았습니다. 처음 출발한 아이들이 엇비슷하게 출발선으로 들어왔습니다. 두 번째 아이들도 큰 격차 없이 반환점을 돌아 출발선에 들어왔습니다. 승부는 세 번째 아이들에 의해 판가름 나게 되었습니다. 금동이와 농부 아들인 개똥이가 죽마에 올라타 거의 동시에 출발했습니다.

죽마를 여러 번 타 본 금동이가 앞으로 치고 나갔습니다. 갈수록 금동이와 개똥이의 거리가 벌어졌습니다. 개똥이는 땀을 뻘뻘 흘리며 금동이를 따라가다가 반환점 앞에서 고꾸라졌습니다.

"아야!"

개똥이가 소리를 질렀습니다. 그것으로 승부는 끝났습니다. 금동이는 여유만만하게 출발 지점으로 돌아왔습니다. 개똥이는 많이 다쳤는지 일어나지를 못했습니다.

정충신이 개똥이에게 달려갔습니다. 개똥이 무릎에 핏물이 배어 있었습니다. 개똥이는 우는 소리로 죽마를 못 타겠다고 했습니다.

금동이가 개똥이를 내려다보며 빈정거렸습니다.

"못난 녀석. 뭐가 어렵다고 넘어져?"

정충신은 다친 동무를 비웃는 금동이가 얄미워 버럭 소리를 질렀습니다.

"금동이! 내가 너를 상대해 주마."

"땅꼬마 네가? 해 보나 마나일 텐데?"

"길고 짧은 건 대봐야 안다고."

"대보지 않아도 길고 짧은 건 분명하지 않니? 넌 나보다 키가 한참 작은데!"

금동이를 향해 정충신이 말했습니다.

"일대일로 대결하자."

장수의 꿈

금동이가 어이없다는 얼굴로 말했습니다.

"일대일 좋다. 지는 사람은 벌을 받기로 하자."

"무슨 벌?"

"이긴 사람이 진 사람 이마에 꿀밤 때리기!"

"좋다. 꿀밤 세 대."

정충신은 키는 작지만 총명했습니다. 조금 전 동무들이 죽마 타는 모습을 유심히 관찰한 정충신은 죽마 속도가 느린 건 두 가지 이유 때문이라고 생각했습니다.

첫 번째 이유는 죽마를 처음 타 보기 때문이라고 생각했습니다. 정충신은 정신을 집중해서 몸의 균형을 잡겠다고 다짐했습니다.

두 번째 이유는 두려움이었습니다.

'죽마에 올라가면 땅에 떨어질지 모른다는 두려움이 생긴다. 두려움은 마음을 불안하게 만든다. 두려움과 불안함은 죽마 속도를 떨어뜨린다. 그냥 두 발로 땅을 걷는다고 생각해야 두려움이 사라진다. 그러면 빨리 갈 수 있다.'

아이들이 지켜보는 가운데 정충신과 금동이가 출발선에 섰습니다.

"하나…… 둘…… 셋, 출발!"

정충신과 금동이가 죽마 걸음을 내디뎠습니다. 다리가 긴 금동이가 앞서기 시작했고, 두 사람 사이의 거리는 조금씩 벌어졌습니다.

정충신은 앞서 가는 금동이를 바라보며 서두르지 않았습니다. 그리고 스스로에게 주문을 걸듯 중얼거렸습니다.

'집중하고 두려워 말자. 나는 맨발로 땅 위를 걷고 있는 것이다.'

그렇게 생각하자 마음이 편안해졌습니다.

정충신은 걸음을 내디딜 때마다 하나 둘 구령을 붙였습니다. 그러자 몸의 균형이 잘 잡혔습니다. 균형이 잡히자 속도를 올릴 수 있었습니다.

반환점 앞에 도착했을 때 금동이는 정충신보다 두 걸음 앞서 반환점을 돌았습니다.

"금동이 이겨라!"
"충신아! 힘내!"

응원 소리를 들으며 정충신은 팔과 다리를 더 힘차게 내저었습니다. 출발선을 얼마 앞두고 격차가 한 걸음 차이로 좁혀졌습니다. 출발선까지 다섯 걸음이 남았습니다. 정충신이 여전히 반걸음 정도 뒤처졌습니다. 이대로 간다면 아슬아슬하게 질 수밖에 없었습니다.

출발선을 한 걸음 앞둔 지점에서 정충신이 기합 소리를 냈습니다.
"이얍!"

그와 동시에 정충신은 목마를 짚은 두 발로 힘차게 땅을 박차고 앞으로 뛰어올랐습니다.

쿵!

금동이가 오른쪽 목마를 출발선 안으로 집어넣는 순간, 정충신의 목마가 먼저 땅에 닿았습니다. 정충신의 승리였습니다.

아이들이 소리쳤습니다.
"뒤집었다! 충신이가 승부를 뒤집었다."
"우아! 충신이가 이겼네!"

출발선 안으로 들어가자마자 정충신은 몸의 균형을 잃고 목마에서 떨어졌지만 다치진 않았습니다. 옷을 툭툭 털고 일어난 정충신이 말했습니다.

"꿀밤 때리기라고 했지?"

금동이가 고개를 흔들었습니다.

"무효야. 두 발이 동시에 들어오는 법이 어디 있어?"

"먼저 들어오면 되는 거잖아."

"인정 못 해."

금동이가 떼를 썼습니다. 한 아이가 정충신이 이겼다고 판정했지만 금동이는 여전히 막무가내였습니다.

"나 꿀밤 때리면 울 아버지한테 일러바칠 거야."

"뭐?"

"평민이 양반 이마를 때리면 어떻게 되는지 알지?"

정충신은 어이가 없었습니다. 금동이는 평소에도 양반 아들이라고 뻐겼습니다. 양반이라고 동무와 한 약속까지 어기다니, 비겁하단 생각이 들었습니다.

'못난 녀석은 상대하기 싫다!'

"그래, 안 때린다. 가라 가."

정충신이 말했습니다.

금동이는 죽마를 들고 낑낑거리며 달아났습니다.

그날 집으로 돌아온 정충신은 벽에 표시한 눈금을 보았습니다. 2년 전부터 키를 표시한 눈금이었습니다. 눈금은 좀체 위로 올라가지 않았습니다. 금동이에게 이긴 것은 후련했지만 키 생각을 하니 가슴이 답답했습니다.

정충신은 혼자 중얼거렸습니다.

"키가 커야 장수가 되어도 멋있을 텐데……."

정충신은 평민의 아들로 태어났습니다. 그는 어려서부터 산과 들판에서 뛰어놀기를 좋아했습니다. 산길을 가다가 멧돼지를 보아도 겁내지 않을 정도로 담력도 좋았습니다.

정충신은 군인이 적성에 맞다고 생각했습니다. 군인 중에서도 병사들을 지휘하는 장수가 되고 싶었습니다.

 한 해가 지났습니다. 그사이 키는 조금 자라기는 했지만 동무들과 비교하면 여전히 작았습니다. 그다음 해, 열네 살이 되었을 때도 마찬가지였습니다.
 어느 여름날, 정충신이 산에 땔나무를 하러 가는데 뒤에서 소리가 들렸습니다.
 "땅꼬마! 오랜만이다."
 금동이었습니다.
 금동이는 1년 전 전라도에서 가장 큰 고을인 전주에 갔습니다. 서당 공부를 마치고 전주에 있는 향교로 공부하러 간 것입니다.
 "언제 왔어?"
 "어제. 내일이 할아버지 제삿날이거든."
 정충신은 키가 더 자란 금동이가 부러웠습니다. 그런 마음을 눈치챈 것일까요? 금동이가 얄미운 말을 했습니다.
 "넌 여전히 작구나. 언제 자라서 어른 될래?"
 "남이야, 자라든 말든."
 "키가 이렇게 작아서 나중에 뭐가 되려고?"
 "장수 될 거다. 왜?"
 "뭐? 장수? 관둬라 관둬. 장수가 차는 칼집이 네 키 정도는 될 거야. 칼은 어떻게 뽑을 건데? 생각만 해도 웃긴다."
 "……."

"키가 작은 건 그렇다 쳐. 장수가 되려면 무과에 합격해야 하는걸?"
"어른 되면 무과에 도전할 거야."
"네 주제에 무과 공부를?"
"내가 어떤데?"
"너, 글 읽을 줄 아니?"
"아니."
"그러니까 장수 되는 거 관두라는 거야."
글을 읽을 줄 모르면 장수가 될 수 없다? 이게 무슨 소리일까요?
금동이가 설명했습니다.
"과거에는 문과, 무과 그리고 기술자를 뽑는 잡과 시험이 있어."
"그 정돈 나도 알아."
"무과 시험은 무술 실력만 좋다고 합격하는 게 아냐. 무과는 세 번의 시험에 합격해야 해. 먼저 무술 실력을 평가하는 초시에 합격해야 해. 다음엔 『사서오경』과 병법을 잘 알아야 합격하는 필기시험이 있어. 그리고 무술 실력을 겨루는 세 번째 시험을 통과해야 합격이지."

정충신은 글을 읽는 능력이 있어야 무과에 합격한다는 걸 처음 알았습니다. 그래도 기 죽지 않고 씩씩하게 말했습니다.
"그래도 포기 안 해. 난 먼저 군졸이 될 거야."
"그래서?"
"군졸이 된 후 글공부를 할 거야."
"누구한테 배울 건데?"
"그야 뭐, 찾아보면 있겠지."

"꿈도 야무지다. 사람은 분수에 맞게 살아야 편한 거야. 넌 농사나 지으면서 사는 게 딱 어울린다."

"뭐?"

"틀린 말했나? 가난한 집 아이가 장수가 된 이야기는 한 번도 못 들어 봤다. 너처럼 키 작은 사람이 장수가 됐다는 얘기도 못 들었고."

그 말을 남기고 금동이는 가던 길로 몸을 돌렸습니다.

화가 난 정충신이 금동이에게 달려갔습니다.

"거기 서!"

"왜?"

"2년 전에 꿀밤 맞기로 해 놓고 도망갔지? 지금 맞아라."

정충신은 재빨리 꿀밤을 때리곤 큰 소리로 말했습니다.

"두고 봐. 난 꼭 장수가 될 거야."

정충신의 기세에 눌려 금동이는 찍소리도 못 하였습니다.

세월이 흘러 정충신은 열다섯 살이 되었습니다.

집안 살림을 돕기 위해 정충신은 광주 관아(수령이 있는 관청)의 하인이 되었습니다. 마당을 쓸고 물을 길어 나르고 이런저런 심부름을 하는 게 정충신의 일이었습니다.

정충신은 공부를 하고 싶었지만 일을 하느라 공부할 시간이 없었습니다. 공부를 가르쳐 줄 사람도 없었고요. 눈동냥 귀동냥으로 몇 가지 한자를 겨우 아는 정도였습니다. 그래도 장수의 꿈을 포기하지 않았습니다.

시간이 흘러 1592년, 정충신은 열일곱 살이 되었습니다. 키는 여전히 작았습니다.

  4월 어느 날, 정충신은 관아 밖으로 심부름을 가게 되었습니다. 정충신이 관아 정문을 나오는데 문을 지키던 군졸이 불렀습니다.

"땅꼬마! 어디 가냐?"

"심부름요."

"너 지금 몇 살이냐?"

"열일곱인데요."

"뭐? 많이 먹어 봤자 열서너 살일 거라 생각했는데."

아침부터 키 이야기를 들은 정충신이 얼굴을 찌푸렸습니다.

이때 요란한 말발굽 소리가 들리더니 흙먼지를 일으키며 말을 탄 군관이 달려오고 있었습니다. 군관은 무서운 속도로 돌진해 오더니 문 앞에 멈췄습니다.

"광주 목사 권율 장군에게 나를 인도하라!"

목사는 조선 시대 수령 계급 중 하나였습니다.

군졸이 물었어요.

"무슨 일이옵니까?"

"시간이 없다. 얼른 인도하라! 전쟁이 터졌다. 일본이 쳐들어왔다."

전쟁이 터졌다

1592년 4월 13일 일본이 조선을 침략했습니다. 이 전쟁을 조선과 일본의 전쟁이라고 해서 조일 전쟁이라고 부릅니다. 1592년 임진년에 일어났다고 임진왜란이라고 부르기도 합니다.

이때 조선은 일본의 침략에 대비하지 않았습니다. 조선에 쳐들어온 일본군은 10만 명이 넘는 대군이었습니다. 부산 땅에 상륙한 일본군은 조선군을 연거푸 물리치고 수도인 한양을 공격했습니다.

전쟁이 일어난 지 17일 만인 4월 30일 선조 임금은 한양을 버리고 북쪽 개성으로 피란을 갔습니다.

한양을 점령한 일본군은 계속 진격해 임진강을 건넜습니다. 겁에 질린 선조는 부랴부랴 개성을 떠나 평양으로 올라갔습니다. 조선은 머지 않아 일본군에게 모든 땅을 빼앗길 위기를 맞은 것입니다.

조선에 희망이 있다면 아직 일본군이 전라도를 점령하지 못했고, 남해 바다에 조선 수군이 있다는 점이었습니다. 수군 장수 중에는 이순신이 있었습니다.

광주를 다스리던 권율은 용감한 지도자였습니다. 전쟁 소식을 들은 권율 장군은 급히 군사를 모았지만, 군사 수는 턱없이 모자랐습니다. 그래서 병사를 모집한다는 벽보를 붙였습니다. 전쟁 소식에 광주 백성들은 두려움에 떨었고, 많은 사람들이 피란을 가려고 했습니다.

"우리도 얼른 피란 가자. 섬이 안전할 거야."

정충신의 아버지가 가족에게 말했습니다.

정충신이 고개를 흔들며 말했습니다.

"전 군대에 들어가겠습니다."

"무슨 소리냐?"

"전 장수가 되고 싶어요. 이번 기회에 군인이 되겠습니다."

"철없는 놈! 목숨은 하나야."

"무섭다고 도망가면 조선은 누가 지키나요?"

결국 아버지는 정충신이 군대에 들어가는 걸 허락했습니다.

정충신은 곧장 광주 관아로 달려갔습니다. 병사가 부족했기 때문에 정충신은 별 어려움 없이 군졸이 되어 군사 훈련을 받았습니다.

어려서부터 산과 들을 뛰어다니며 몸을 튼튼하게 한 탓에 훈련이 힘들진 않았습니다. 총명하고 행동이 빨라 군관이 가르치는 것도 금방 익혔습니다.

1592년 7월 초, 일본군이 전라도를 공격했습니다. 일본군이 노리는 곳은 전라도에서 가장 큰 고을인 전주였습니다.

권율은 1,500명의 병사를 이끌고 전주로 들어오는 길목인 이치 고개로 향했습니다. 정충신도 권율 부대의 군졸로 함께 갔습니다.

권율은 고갯마루에 튼튼한 진지를 설치했습니다. 중요한 지점마다 나무 울타리를 세우고 병사들을 배치했습니다. 일본군 무기인 조총 공격에 맞설 화살도 많이 준비했습니다.

며칠 후 일본군이 이치 고개에 공격을 퍼부었습니다. 일본군은 조총 공격으로 겁을 준 다음 창과 칼을 들고 고개로 올라오기 시작했습니다.

조선 병사들은 권율의 명령에 따라 일본군이 가까이 올 때까지 기다렸습니다. 정충신은 떨리는 마음을 누르고 활시위를 팽팽하게 당겼습니다.

"이때다! 화살을 퍼부어라!"

권율이 명령하자 병사들이 화살을 날렸습니다. 정충신도 힘껏 화살을 쏘았습니다.

조선군의 기습 공격에 기세등등하게 올라오던 일본군이 가을바람에 낙엽 떨어지듯이 하나둘 쓰러지고, 점차 후퇴하기 시작했습니다. 그때 권율의 명령에 따라 고개 곳곳에 숨어 있던 조선 병사들은 도망치는 일본군을 칼로 베고 창으로 찔러 쓰러뜨렸습니다.

이치 전투는 조선군의 승리로 끝이 났습니다. 전라도 땅을 단숨에 차지하려던 일본의 계획은 빗나갔습니다.

전투가 끝난 후 권율이 병사들에게 말했습니다.

"지금 의주에 계신 전하께서는 명나라로 피란 갈 생각을 하실지 모른다. 우리가 전라도를 지켰다는 소식을 들으면 생각이 달라지실 것이다. 한시라도 빨리 이 소식을 전해야 한다."

권율은 왕을 모시는 이항복 대감에게 편지를 전할 사람을 뽑아야 했습니다. 그런데 나서는 사람이 없었습니다.

의주는 전주에서 아주 먼 평안도의 북쪽 끄트머리에 있는 고을이었습니다. 의주에 가려면 일본군이 점령한 경기도, 황해도를 거쳐 가야 했습니다. 가다가 일본군에 잡히면 죽을 게 뻔해 편지를 전달하려는 병사가 없었던 것입니다.

군관과 군졸들이 임무를 맡지 않으려고 서로 눈치를 보는데 한 군졸이 권율 앞에 나와 무릎을 꿇었습니다.

"제가 가겠나이다."

그는 소년 병사 정충신이었습니다.

졸지 말고 달려라

정충신을 본 권율이 고개를 저었습니다.
"네 뜻은 가상하지만 보낼 수 없다."
"왜 보내실 수 없다 하시옵니까?"
"너는 체구가 작다. 일본군과 맞닥뜨릴 경우 불리할 것이다."
"제 키가 작은 것이 유리할 수도 있다 생각하옵니다."
"유리하다니?"
"편지를 전하려면 평민 복장으로 위장해야 할 것입니다. 어리고 키가 작은 제가 갈 경우 일본군은 제가 조선의 병사임을 짐작하지 못할 것이옵니다."

권율이 무릎을 치며 말했습니다.
"오, 그렇구나. 네 생각이 옳다."
권율은 편지를 주며 당부했습니다.
"좋은 말을 줄 터이니 하루라도 빨리 의주에 가라. 문제는 안전이다. 곳곳에 일본군이 있으니……."
"소인이 생각한 바가 있습니다. 편지를 적에게 들키는 날에는 큰일 날 것인즉, 편지를 잘 숨길 작정이옵니다."
"어떻게?"
"먼 길을 가는 사람은 흔히 짚신 한 켤레를 더 봇짐에 넣어 가옵니다. 저는 편지를 둘로 찢어 가늘게 꼰 후 이것을 짚과 합쳐 짚신을 만들 생각이옵니다."

"옳거니! 넌 지혜가 많은 군졸이로구나."

권율은 즉시 짚신을 잘 만드는 병사를 데려오게 했습니다.

정충신의 계획대로 편지를 두 조각으로 찢어 가늘게 꼬았습니다. 그것을 짚 사이에 숨겨 짚신을 만들었습니다.

짚신을 만드는 동안 조선의 지리를 잘 아는 군관이 정충신에게 의주로 가는 길을 가르쳐 주었습니다.

허름한 옷에 봇짐을 진 정충신이 말에 올라탔습니다.

전주를 떠난 지 반나절 만에 경기도 땅에 들어섰습니다. 경기도 대부분 지역은 일본군이 점령해서 사방을 경계하며 가야 했습니다. 이틀 후 정충신은 임진강에 도착했습니다. 강을 건너 조금만 가면 개성이 있었습니다. 어부 노인을 만나 배를 빌려서 강을 건넜습니다. 닷새째 되는 날, 정충신은 평양 근처의 어느 고개를 오르고 있었습니다.

말을 타고 고개 꼭대기 근처에 다다랐을 때, 숲에서 무엇이 나타났습니다. 정충신이 급히 고삐를 당겨 말을 세웠습니다. 숲에서 나온 것은 일본 병사였습니다.

정충신의 이마에 땀방울이 맺혔습니다. 손에 든 것은 채찍뿐이었습니다. 봇짐에 작은 칼이 있었지만 칼을 뺄 시간이 없었습니다.

일본 병사가 창을 앞으로 향한 채 정충신을 노려보며 천천히 다가왔습니다. 한 걸음, 두 걸음…….

소년 장교

정충신은 위기에서 벗어날 방법을 생각했습니다.

'피란을 가는 백성이라고 하면서 살려 달라고 할까? 상대가 한 명이니까 직접 상대할까?'

정충신이 채찍으로 말 등을 때렸습니다. 말은 거친 숨을 내쉬며 고개를 향해 달리기 시작했습니다. 그러자 일본 병사가 고함을 지르더니 정충신을 향해 뛰어내려 왔습니다. 정충신은 더욱 빨리 말을 몰아 고개 위로 올라갔습니다.

휙!

열 걸음 거리에 이르렀을 때, 일본 병사가 창을 날렸습니다. 그 순간, 정충신은 재빨리 고개를 숙였습니다. 창은 머리 위로 아슬아슬하게 비켜 갔습니다.

일본 병사가 허리에 찬 칼집을 잡고 칼을 뽑았습니다.

번쩍!

햇빛을 받은 칼이 빛났습니다.

정충신은 더 세게 말 등을 때렸습니다. 두 사람 사이는 이제 세 걸음 거리가 되었습니다.

정충신은 어릴 적 죽마 경주를 할 때처럼 기합을 넣었습니다.

"이얍!"

일본 병사가 칼을 뒤로 젖힌 후 휘두르려고 했습니다. 동시에 정충신은 손에 쥔 채찍을 휘둘렀습니다. 정충신이 더 빨랐습니다.

채찍은 짝 소리를 내며 정확하게 칼의 손잡이를 후려쳤습니다. 일본 병사는 칼을 휘두르기 직전에 비명을 지르며 칼을 떨어뜨리고 말았습니다.

칼을 놓친 일본 병사는 겁에 질린 생쥐 같은 표정을 지었습니다.

정충신은 더 이상 공격하지 않았습니다. 봇짐에서 칼을 꺼낼 시간도 없었고 숲에 일본군이 더 있을지 몰랐기 때문입니다.

정충신은 일본 병사를 숲으로 쫓아낸 후 곧장 고개를 넘었습니다. 다행히 더 이상 일본 병사를 만나지 않고 평양 지역을 통과했습니다. 그리고 청천강을 건넌 지 반나절 만에 의주에 도착할 수 있었습니다.

며칠 동안 제대로 자지 못하고 씻지 못한 정충신은 거지꼴이었습니다. 의주 성문으로 들어가려는데 병사가 앞을 막았습니다.

"멈춰라!"

"전주에서 권율 장군의 편지를 가져온 군졸이오."

정충신이 짚신에서 편지를 꺼냈습니다.

편지를 읽은 군관이 정충신을 이항복 대감에게 데려갔습니다.

편지를 다 읽은 이항복이 고개를 돌려 정충신을 보았습니다.

무릎을 조아리고 있던 정충신은 어느새 꾸벅꾸벅 졸고 있었습니다. 잔뜩 긴장했다가 의주에 도착한 후 긴장이 풀린 탓이었습니다.

"태평한 놈이로구나."

그 말에 정충신은 정신이 번쩍 들었습니다.

"소인, 너무나 피곤하여……."

"잠을 제대로 자지 않은 게로구나."

"한시라도 빨리 편지를 전해야 한다는 생각에……."
"편지를 가늘게 꼰 이유는 무어냐?"
정충신이 편지를 숨기려고 짚신 만든 이야기를 했습니다.
"진하를 뵈옵고 올 테니, 쉬어라."
이항복이 나간 후 정충신은 그대로 쓰러졌습니다.
정충신이 일어난 것은 다음 날 아침이었습니다. 눈을 떴을 때 이항복이 그를 내려다보고 있었습니다.
"전하께서 권율의 승리에 기뻐하셨다. 군대 사기도 올라가 전하께서는 권율을 전라도 감사로 임명하셨다."
"임무를 완수하였으니 소인은 돌아가겠나이다."
"아니다, 여기 있어라. 권율을 감사로 임명한다는 편지는 다른 병사에게 주어 보냈느니라."
"그러면 소인은?"
"지금 조선은 너처럼 지혜롭고 용기 있는 병사가 필요하다. 조만간 이곳에서 군관을 뽑는 무과 시험을 치른다. 너도 도전해 군관이 되어라."
정충신은 기분이 좋았습니다. 그러나 이내 자신이 글을 잘 모른다는 게 생각났습니다.
"전 글을 읽을 줄 모르옵니다."
"지금은 전쟁 중이다. 이번 과거에선 글 실력이 아니라 무술 실력을 보고 군관을 뽑을 것이다."
"소인, 키가 작은 것이 고민이옵니다."

이항복이 빙그레 웃으며 말했습니다.

"장수에게 필요한 것은 키가 아니다. 용기와 지혜다. 김종서 대감을 아느냐?"

"세종 대왕 때의 장수가 아니오니까?"

"그렇다. 김종서 대감은 훌륭한 장수였다. 대감도 키가 아주 작았다. 그렇지만 사람들은 대감을 호랑이라고 불렀다."

"키가 작은데 왜 호랑이라고?"

"대감은 용감하셨다. 전쟁터에 나가면 물러서지 않고 온몸을 바쳐 나라에 충성하였다. 그래서 사람들은 대감을 호랑이 같은 사람이라고 여긴 게다. 너도 키가 작다고 고민할 것 하나 없다. 마음이 중요하다. 마음이 강한 사람은 키 작은 건 얼마든지 극복할 수 있느니라."

김종서 장군 이야기는 정충신에게 감동을 주었습니다. 그날 정충신은 무슨 일이 있어도 김종서 같은 장수가 되겠다는 목표를 세웠습니다.

며칠 후, 정충신은 무과 시험에 도전해 당당히 합격했습니다. 꿈에도 그리던 군관이 된 것입니다.

조일 전쟁은 1598년 일본군이 후퇴하면서 끝났습니다.

어린 군졸로 전쟁터를 누빈 정충신은 전쟁이 끝났을 때 늠름한 청년 군관이 되어 있었습니다.

전쟁이 끝난 지 10년 후 선조가 죽고 그의 아들 광해군이 제15대 왕이 되었고, 이어 인조가 제16대 왕이 되었습니다. 그사이 정충신은 진급하여 많은 병사를 지휘하는 장수가 되었습니다. 어릴 적 꿈을 이룬 것입니다.

  정충신은 외교관으로도 큰 역할을 했습니다. 글공부를 열심히 해 중국어 실력을 갖춘 정충신은 여러 번 중국에 가서 외교관으로 공을 세웠습니다.

  정충신은 1636년에 죽었습니다. 나중에 조선의 제 19대 왕, 숙종은 정충신의 공로를 인정하여 그에게 충무공이라는 시호(죽은 사람의 공로를 칭찬하며 붙인 이름)를 내려 주었습니다.

  충무공 하면 우리는 이순신 장군부터 떠올립니다. 이순신이 죽자 왕이 그에게 내려 준 시호가 충무공입니다. 이순신과 같은 충무공이란 시호를 받은 걸 보면 정충신도 장수로서 큰 공로를 세웠음을 알 수 있습니다.

  키가 작은 것에 주눅 들지 않은 정충신.

  가난한 집에서 태어나 배운 것도 없었지만 장수의 꿈을 이룬 정충신.

  그의 성공은 장수가 되기를 바라는 조선의 많은 소년들에게 용기를 주었답니다.

이곳이 궁금해

지방 사람들이 살았던 곳 조선 팔도

조선 사람들은 대부분 한양이 아닌 지방에 살았어요. 조선은 1413년에 전국을 팔도로 나누었어요.

각 도를 다스리는 사람을 감사 또는 관찰사라 하고, 감사가 일하는 곳을 감영이라고 해요. 감영은 강원도의 원주, 전라도의 전주, 경상도의 대구, 충청도의 공주, 평안도의 평양 등 각 도에서 가장 큰 도시에 있었어요.

각 도는 고을의 크기에 따라 목, 현, 군으로 지역을 나누었어요. 목을 다스리는 사람은 목사, 현을 다스리는 사람은 현감, 군을 다스리는 사람은 군수라고 했어요.

요즘 고속도로처럼 반듯한 길은 아니었지만 조선 시대에도 지방을 이어 주는 도로가 있었어요. 영남대로, 삼남대로(전라도로 가는 길), 관동대로(강원도로 가는 길), 의주로(사신이 중국으로 가는 북쪽 길)가 그런 길이었어요.

정부는 이런 큰길에 역을 설치했어요. 역에서 벼슬아치들은 잠을 자고 밥을 먹을 수 있었어요. 또 역에 일하는 병사에게 마패를 보여 주면 말을 빌릴 수 있었답니다. 일반 백성들은 이런 혜택이 없어 나그네들은 큰길, 나루터, 고개 밑에 있는 주막에서 잠을 자고 밥을 먹었어요.

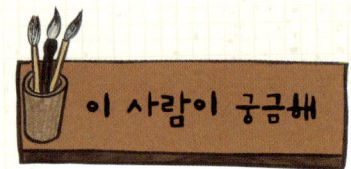

지방 수령을 벌벌 떨게 한 사람 암행어사

"암행어사 출두야!"

『춘향전』에 보면 이몽룡이 암행어사가 되어 춘향이를 괴롭히는 변 사또를 혼내 주는 장면이 나와요. 전라도 남원 지방을 다스리던 수령, 변 사또는 왜 젊은 암행어사 이몽룡에게 쩔쩔맸을까요?

암행어사는 왕이 지방 수령을 감시하기 위해 보낸 사람이었어요. 왕의 특별 명령을 받은 사람이라서 수령은 자기보다 벼슬이 낮아도 암행어사 말에 순종해야 했어요. 안 그러면 왕에게 거역하는 것이 되니까요.

암행어사 제도는 조선 시대 중기에 생겼어요. 왕은 자기가 믿는 젊은 벼슬아치를 암행어사로 임명했어요.

왕은 암행어사를 뽑은 후 그에게 임무를 적은 편지와 마패를 주었어요. 마패는 암행어사의 신분증인 동시에, 지방에 가다가 역이라는 숙소에서 말을 갈아탈 수 있는 증명서 역할을 했어요.

암행어사가 가는 길에는 암행어사를 호위하는 하인 한 사람이 따라다녔어요. 또 많은 병사가 필요할 경우 역에서 일하는 병사인 역졸들이 암행어사를 도와주었어요.

암행어사 일에서 중요한 건 비밀 유지였어요. 그래서 임명할 때도 대부분의

신하들 모르게 했어요.

　암행어사는 임명장을 받자마자 한양을 떠나야 했는데 비밀을 유지하려고 가족을 만나지도 못하게 했어요. 또 임무를 다 끝내기 전에는 부모가 죽더라도 절대 한양에 돌아올 수 없었지요.

　암행어사가 나쁜 수령을 벌주는 일만 한 건 아니랍니다. 일을 잘하는 수령은 상을 주라고 왕에게 건의했어요. 또 효자, 열녀, 착한 일을 한 사람을 찾아내 상을 주는 일도 하였어요. 암행어사 일은 임무를 마치고 한양에 와서 왕에게 보고서를 쓰는 일로 끝이 났어요.

　모든 암행어사가 정의롭게 일을 했을까요?

　박문수 등 훌륭한 암행어사도 많았지만 수령의 잘못을 눈감아 주는 등 임무를 다 하지 않은 암행어사도 있었답니다. 심지어 암행어사인 척해서 지방에서 사기를 친 가짜 암행어사도 있었어요.

신분과 지역 차별을 이기고 의사가 된

허준

아버지라고 불러선 안 된다?

"내일 새벽 전하께서 피란을 가신다. 너도 떠날 준비를 하라."

1592년 4월 29일 밤, 내의원(왕이 먹는 약을 제조하는 관청)의 우두머리인 도제조가 허준에게 명령했습니다.

이때 조선의 왕은 선조였습니다. 선조가 한양을 버리고 피란을 가기로 한 것은 전쟁 때문이었습니다.

4월 13일 조선을 침략한 일본군이 조선군을 연이어 물리치고 한양으로 오고 있어서 피란을 떠나기로 한 것입니다.

명령을 듣자마자 허준은 임금이 아플 경우를 대비해 몇 가지 약을 챙기며 떠날 준비를 하였습니다.

다음 날 새벽에 큰 비가 내렸습니다.

몇몇 군관이 말을 탄 왕을 호위하고 궁궐을 나섰습니다. 그 뒤를 왕비가 탄 가마가 잇고, 왕비 뒤를 신하와 내시, 궁녀들이 따랐습니다. 허준은 일행의 맨 끝에 있었습니다.

말이 부족해서 허준은 걸어야 했습니다. 걸을 때마다 질퍽한 땅에 발이 빠졌습니다. 비옷을 입긴 했지만 궁궐을 나선 지 얼마 안 가 빗물에 푹 젖었습니다.

일행은 한양의 서쪽 문인 돈의문을 통과했습니다. 한 군관이 말을 타고 허준 옆을 지나며 소리 질렀습니다.

"장예원이 불타고 있다. 노비들이 불을 질렀다!"

허준이 뒤돌아보니 궁궐 쪽에서 검은 연기가 치솟고 있었습니다.

장예원은 노비 문서를 보관하는 관청입니다.

왕이 피란을 가자 몇몇 노비들이 몰려가 노비 문서를 불태운 것입니다.

허준은 나라가 위기인 틈을 이용해 불법을 저지르는 노비들이 못마땅했지만 한편으로는 그들의 마음이 이해가 되었습니다.

노비는 죽을 때까지 차별받았습니다. 노비 문서가 없다면 그들은 노비 신분에서 벗어날 수 있었습니다.

차별!

허준은 이 말을 떠올릴 때마다 마음이 아팠습니다. 자신도 여러 가지 차별을 당하며 살아왔기 때문입니다.

허준은 1540년 경에 한양 근처에 있는 양천에서 태어났습니다. 아버지는 무관(무과에 합격한 군인) 출신의 양반이었습니다.

허준의 어머니는 첩이었습니다. 첩이란 남자가 정식으로 결혼하지 않고 부인으로 맞은 여자를 말합니다. 정식으로 결혼한 부인이 낳은 아들을 적자, 첩이 낳은 아들을 서자라고 하는데, 허준은 서자로 태어났습니다.

허준이 소년이 되었을 때 아버지는 평안도 용천 지방을 다스리는 부사가 되었습니다.

부사의 아들인지라 먹고사는 걱정은 없었습니다. 서당에 다니며 글공부도 할 수 있었습니다.

어느 날, 아버지가 자식들을 불렀습니다. 허준도 나이가 든지라 태어나 처음으로 형을 따라 아버지 방에 갔습니다.

허준은 적자인 형 뒤에 앉아 아버지의 말을 들었습니다.

"……지금까지 내가 한 말을 늘 명심하여라. 알겠느냐?"

허준이 씩씩하게 대답했습니다.

"예, 아버님."

그 순간 아버지와 형이 허준을 물끄러미 바라보았습니다.

잠시 후, 아버지가 말했습니다.

"준아! 이제 너도 나이가 들었으니 일러두마. 앞으로는 나를 아버지라고 부르지 마라."

희망은 있다

깜짝 놀란 허준이 물었습니다.

"왜 아버지라고 부르면 아니 되옵니까?"

"조선 법도에 서자는 아버지를 아버지라고 부르지 못하게 한다. 지금까진 네가 어려서 이 말을 안 한 것이다."

"소자는 그럼 아버지를 어떻게 불러야 하옵니까?"

"아버지의 벼슬로 불러야 한다. 내가 지금 용천 부사이니 앞으로 나를 부사 나리라고 불러라."

허준은 충격에 아무 말도 못하였습니다. 이때 형이 말했습니다.

"나를 부를 때도 형이라고 해선 안 돼. 너는 서자이기 때문이다."

아버지를 아버지라 부를 수 없고, 형을 형이라고 부를 수 없는 것은 지금 기준으로 생각하면 있을 수 없는 일입니다. 그러나 조선 시대엔 이것이 사회 풍속이었답니다.

이날 허준은 어머니 앞에서 엉엉 울었습니다. 어머니도 함께 울었습니다. 눈물을 그친 어머니가 말했습니다.

"네가 충격을 받을까 봐 미리 이야기 안 해 미안하구나. 서자에 대해 알게 되었으니 몇 가지 더 알려 주마. 서자는 부모의 유산을 거의 물려받지 못한단다. 죽은 부모에게 제사를 지내는 자격도 서자에겐 주지 않지. 네가 어른이 되면 집 밖에서도 차별을 받을 것이다. 조선에선 서자가 아무리 똑똑해도 높은 벼슬에 오르지 못하게 법으로 정해져 있단다."

"어머니, 저는 평생 이렇게 살아야 하옵니까?"

허준은 또다시 눈물을 흘렸습니다.

다음 날 허준은 서당에 가지 않았습니다. 며칠 동안 뚱한 얼굴로 밥도 안 먹고 이불 속에만 있었습니다.

며칠 후, 어머니가 허준에게 말했습니다.

"왜 서당에 안 가는 게냐?"

"서자는 벼슬에도 오를 수 없는데 공부가 무슨 소용이 있습니까?"
"벼슬에 올라야만 잘사는 게냐?"
"저는 그 꿈을 위해 서당에 다녔사옵니다."
"사람에겐 벼슬보다 더 중요한 게 있다. 사람으로서 살아가는 보람이다. 준아, 세상에는 벼슬자리가 아니어도 보람 있는 일이 많단다."
"어떤 일이 그러하옵니까?"

"사람들에게 도움을 주는 모든 일이 다 그렇다. 사람들은 갖바치(가죽신을 만드는 사람)가 하는 일이 천하다고 깔본다. 그런데 이 세상에 갖바치가 없다면 사람들은 가죽신을 신을 수가 없다."

어머니 말을 듣고도 허준은 서당에 나가지 않았습니다. 그런데 며칠 동안 이불을 뒤집어쓰고 누워 있자니 '벼슬보다 중요한 건 보람 있는 일을 하는 것'이라는 말이 자꾸 생각났습니다.

'내가 할 수 있는 보람 있는 일은 무엇일까?'

당장 떠오른 것은 의원이었습니다.

'세상에서 가장 중요한 것이 사람의 생명이다. 의원은 병든 사람을 치료해 생명을 구한다. 이 정도면 보람이 있는 일이 아닐까? 그뿐만이 아니다. 조선 최고의 의원이 된다면 내가 서자라고 아무도 깔보지 않을 것이다.'

소년 허준은 의원이 되겠다고 결심했습니다.

몇 년이 흘렀습니다. 그사이에 조선 최고의 의원이 되겠다는 허준의 꿈은 더욱 뚜렷해졌습니다.

아버지는 적자인 형이 서당 공부를 마치자 상급 학교인 서원에 보냈습니다. 그러나 허준은 서당을 졸업한 후 더 이상 공부를 시키지 않았습니다.

허준은 아버지를 원망하지 않았습니다.

과거를 보지 않을 거라면 계속 공부할 필요가 없다고 생각했기 때문입니다.

어느 날 허준이 아버지에게 말했습니다.

"소자, 의학을 공부하고 싶사옵니다."

"의학이라고?"

"예. 그리하여 조선 최고의 의원이 되겠나이다."

아버지가 허준의 손을 잡으며 말했습니다.

"평생 서자로 살아야 할 너를 생각하면 내 마음도 아팠다. 좋다! 의원이 되는 걸 허락하마. 내가 아는 훌륭한 의원이 있다. 유 씨 성을 가진 자니라. 그에게 의술을 배우면 좋을 것이다."

"당장 그분에게 가서 배우겠나이다."

"준아, 어머니를 떠나 살 수 있겠느냐?"

"어머니 곁을 떠나요?"

서북 사람을 차별하는 세상

"유 의원은 경상도 단성 고을에 산다. 그에게 배우려면 집을 떠나야 해."

어린 허준은 집을 떠나는 것도 어머니와 이별하는 것도 싫었습니다. 그렇지만 이곳을 떠나면 서자 소리를 안 들어도 될 거란 생각이 들었습니다.

유의태 : 허준의 스승이 누구인지는 역사적으로 명확하지 않다. 다만 명의 유의태에 대한 조선 시대 구전 설화가 있고, 숙종 때(1661~1720) 어의 유이태가 있는데, 이 사람들을 모델로 드라마나 소설이 나온 걸로 추측된다.

"소자, 가겠나이다."

한 달 후, 허준은 경상도 단성으로 갔습니다. 단성은 지리산 아래에 있는 고을이었습니다.

용천을 떠난 지 보름 후 단성에 도착했습니다.

유 의원의 집은 작은 산기슭에 있었습니다. 문에 유의(柳醫)라는 큰 글자가 적혀 있었습니다. 유 씨 성을 가진 의원이 사는 집이라는 뜻입니다.

문 앞에서 서성이고 있을 때 풀이 담긴 망태를 든 남자가 나타났습니다.

"누구냐?"

"평안도 용천에서 의원 나리를 뵙고자 온 허준이옵니다."

"평안도라면 서북 놈이구나. 서북 놈이 여긴 왜 왔나?"

남자는 다짜고짜 지역을 꼬투리 잡아 허준을 깔보았습니다.

조선 시대, 전국에는 8개의 도가 있었습니다. 경기도, 경상도, 전라도, 충청도, 강원도, 황해도, 평안도, 함경도입니다. 한양 북쪽에 있는 황해도, 평안도, 함경도를 묶어 서북 지방이라고 불렀습니다.

놈이라는 소리에 허준은 기분이 상했습니다. 허준이 남자를 올려다보며 또박또박 말했습니다.

"저는 놈이 아니고 허준이라는 사람이올시다."

"치, 말대꾸는. 서북서 온 사람을 왜 그렇게 부르는지 아나?"

"……"

"서북 지방은 반역의 고장이란 평가를 받았네. 서북 지방에서 두 번

이나 군사 반란이 일어났거든."

하인의 말은 사실이었습니다. 1453년에는 이징옥이란 장수가, 1467년에는 이시애란 장수가 군사 반란을 일으켰습니다. 조선 시대에 왕에게 반역하는 것은 가장 큰 죄였습니다. 반역이 일어난 지방은 아예 그 지방의 이름을 없애기까지 했답니다.

이징옥, 이시애의 반란은 함경도에서 일어났는데, 함경도에서 가까운 평안도, 황해도 사람들까지 반역의 고장 출신이라고 무시당했습니다.

　서자 차별하는 게 싫어서 집을 떠나왔는데, 서북 사람이라고 또 무시를 하는 세상!

　허준은 가슴이 답답했습니다.

　허준은 속상한 마음을 꾹 참고 아버지가 준 편지를 꺼냈습니다.

　"아버지가 의원 나리께 드리라는 편지입니다."

　편지를 받은 하인이 망태를 툭 던지고선 문 안으로 들어갔습니다.

　잠시 후, 하인이 나타났습니다.

　"들어오라신다."

　허준이 안으로 들어가니 한 남자가 마루에 서 있었습니다. 유 의원이었습니다. 마른 몸매에 날카로운 눈빛을 가진 사람이었습니다.

　"의학을 배우고 싶다고?"

　"예."

　"왜 배우려는 게냐?"

　"세상에 이름을 떨치고 싶어서이옵니다."

　"그러니까 출세를 하고 싶다는 거구나. 돈도 벌고 말이지?"

　"……."

　"그렇다면 가르칠 게 없다. 돌아가거라."

　허준이 울먹이며 말했습니다.

　"의원이 되어 돌아가겠노라고 어머니께 맹세하였나이다. 저를 거두어 주소서."

　"네 아버지 부탁도 있고 하니 기회를 주마. 여기 잠시 머물도록 하라."

"그럼 내일부터 의학을 가르쳐 주시는 것이옵니까?"

"건방진 소리! 네가 할 일은 물을 긷고 약초를 캐는 것이다."

출세하기도 힘든 서북 사람

허준을 받아들인 의원의 이름은 유의태였습니다. 서북 사람이라고 깔본 하인의 이름은 쇠돌이였고요.

이튿날 허준은 약초를 캐기 위해 쇠돌이를 따라 지리산에 올랐습니다. 산을 타 보지 않아 허준은 숨을 헐떡이며 산에서 헤맸습니다. 어떤 것이 약초인지도 몰라 도라지만 몇 개 캤습니다.

유의태에게는 아버지 일을 돕는 아들이 있었습니다. 그는 직접 환자를 돌볼 실력을 갖춘 사람이었습니다.

그는 매일 하인들이 캐 온 약초를 검사하였는데, 허준이 캐 온 도라지를 보더니 버럭 화를 냈습니다.

"하루 종일 캔 게 이거냐? 네 이놈! 산에서 빈둥거린 거지?"

"무엇이 약초인지 몰라서……."

"어디서 변명이냐?"

"……."

유의태의 아들이 도라지를 허준에게 집어던지며 말했습니다.

"너 같은 녀석은 고생을 더 해야 해. 내일부터 물 긷는 일을 하여라."

 허준은 첫날부터 꾸중을 듣고 모욕을 받았습니다. 그러나 좌절하지 않았습니다.

 허준에겐 남다른 점이 있었습니다. 한번 마음먹은 일은 포기하지 않는 강한 정신력이었습니다. 허준은 꾸지람을 들었다고 꿈을 포기하긴 싫었습니다.

 다음 날부터 물 긷는 일을 시작했습니다.

 동네 우물에 가니 아낙네들이 먼저 와서 빨래를 하고 있었습니다. 물을 퍼서 세수를 하는 사람도 있었습니다. 그 장면을 본 허준은 생각했습니다.

 '약탕기에 들어갈 물은 동네 샘물보다 더 깨끗한 물이면 좋을 텐데…….'

 며칠 후, 마당에서 유의태를 본 허준이 조심스레 말을 꺼냈습니다.

 "나리, 이 고장에서 가장 깨끗한 샘물은 어디에 있나이까?"

 "깨끗한 물은 왜 찾는 게냐?"

 "의원 집의 물은 어느 집 물보다 깨끗해야 하는데 마을 우물은 여러 사람이 쓰는지라 안심이 되지 않사와……."

 "맑은 물이 나오는 샘이 있긴 하다. 너무 먼 것이 문제지."

 "그 샘이 어디 있나이까?"

 "물지게를 지고 산에 오를 수 있겠느냐?"

 허준은 쉽게 대답하지 못했습니다. 그러나 하루라도 빨리 의학을 배우려면 그런 고생을 마다해선 안 된다는 생각이 들었습니다.

"좋은 물을 얻을 수 있다면 그러하겠나이다."

"좋다. 위치를 알려 줄 터이니 내일부터 그 물을 길어 와라."

유의태가 가르쳐 준 약수터는 산길을 따라 한참 가야 하는 곳에 있었습니다. 바위틈에서 퐁퐁 솟아오르는 맑은 물이었습니다.

물을 한 번 길어 오면 다리가 풀릴 정도로 먼 길이었지만 허준은 매일 그 일을 했습니다.

세 달이 지나고 겨울이 찾아왔습니다. 그사이 유의태의 진료를 돕

는 조수 한 명이 떠나게 되었습니다.

　유의태가 하인들을 불러 모았습니다. 조수와 하인들의 임무를 조정해 주기 위해서였습니다.

　"허준은 내일부터 물 긷는 일을 그만두고 약초 창고에서 일하여라."

　유의태는 허준이 물 긷는 고생을 마다하지 않은 것을 가상하게 여겨 좀 더 쉬운 일을 맡긴 것입니다.

　다음 날부터 허준은 창고에서 약초를 자르고 말리는 일을 시작했습니다. 틈틈이 선반마다 쌓인 약초를 보며 약초의 이름을 외웠고 의학책도 보았습니다.

　어느 날, 창고에서 책을 보는데 유의태의 아들이 들어왔습니다.

　"구기자 좀 다오."

　허준이 시렁에서 말린 구기자를 꺼내 주었습니다. 허준이 읽던 책을 집어든 아들이 물었습니다.

"네깐 놈이 책은 왜 보니?"

"훗날 의과 시험에 합격하는 것이 꿈인지라……."

"뭐? 서북 놈 주제에 잡과에 도전해?"

"서북 사람은 잡과를 보면 아니 되옵니까?"

"무식하긴. 우리 조선 법에는 각 지방마다 과거 시험에 붙는 합격인원을 정해 놓았다. 문과의 경우 경상도는 30명, 전라도와 충청도는 25명이다. 서북 지방인 함경도, 평안도는 정원이 고작 10명이다. 그러니 힘들지."

나라의 인재를 뽑는 데도 지역 차별을 하다니! 참으로 어이없는 이야기였습니다. 차별은 이것만이 아니었습니다. 과거에 합격해도 서북 출신은 왕을 가까이에서 모시는 중요한 벼슬에는 임명되지 않았습니다.

허준이 물었습니다.

"잡과에도 그런 차별이 있사옵니까?"

"잡과는 법으로 합격자 수를 정해 놓진 않았다. 그러나 아무래도 불리하지. 합격한다 해도 궁궐에서 왕을 모시는 어의가 될 생각은 꿈도 꾸지 말아야 할걸?"

허준은 최고의 의사가 되려면 궁궐에서 일해야 한다고 생각했습니다. 유의태 아들의 말대로라면 그 꿈은 불가능했습니다.

유의태의 아들이 나가자 허준은 벌러덩 누워 한숨을 내쉬었습니다.

이때 마당에서 울부짖는 소리가 들렸습니다.

"나리! 제발 살려 주십시오!"

의사의 길

소리에 놀란 허준이 마당으로 나갔습니다.

울부짖는 사람은 노인을 업고 온 젊은 남자였습니다. 그는 유의태의 아들 앞에 엎드려 빌고 있었습니다.

"아버지가 숨을 헐떡이십니다. 제발 치료해 주십시오."

"환자를 보는 시간이 끝났소. 내일 오시오."

"숨넘어가는 제 아버지 얼굴을 보십시오. 그러니 제발……."

"그건 당신 사정이오. 잔말 말고 내일 오시오."

소란스런 소리에 안방에서 유의태가 나왔습니다. 그는 환자 얼굴을 보자마자 말했습니다.

"환자를 당장 방으로 들여라."

그날 유의태는 침을 놓아서 노인을 낫게 했습니다.

이 일을 본 허준은 유의태가 첫날 했던 말이 떠올랐습니다.

"왜 의원이 되려고 하는가?"

어머니가 한 말도 떠올랐습니다.

"출세보다 더 중요한 건 보람찬 인생을 사는 것이다."

며칠 후, 허준이 창고에서 약초를 썰고 있는데 유의태가 들어왔습니다.

"오래전 너에게 왜 의원이 되려고 하는지 물어본 적이 있다. 지금도 생각에 변함이 없느냐?"

"변화가 있었사옵니다."

"어떤 변화냐?"

"소인, 서자로 태어나 차별받는 것이 싫어 의원으로 출세하고 싶었습니다. 그러나 그건 의원의 도리가 아니라고 생각하옵니다."

"의원의 도리는 무엇이냐?"

"아픈 사람을 불쌍하게 여기는 마음이옵니다."

"그래, 그 마음이 없으면 의술이 뛰어나도 훌륭한 의원이 아니다. 내 집에 계속 머물도록 해라."

유의태는 이듬해 봄부터 허준에게 의학을 가르쳐 주었습니다. 환자를 돌볼 때 허준을 옆에 두고 잔심부름을 시켰습니다.

의학 공부가 순조롭지만은 않았습니다. 유의태는 간혹 허준에게 질문을 했습니다. 허준이 대답을 잘 못하면 눈물이 쏙 빠질 정도로 호통을 쳤습니다.

유의태의 꾸지람은 자기가 잘되라고 그러는 것이니 견딜 만했습니다. 진짜 괴로운 것은 주변 사람들의 질투였습니다.

유의태가 허준을 아끼는 걸 보고 유의태의 아들이 사사건건 트집을 잡아 허준을 괴롭혔습니다. 또 하인들도 서북 사람인 허준이 못마땅해 왕따를 시키기도 했습니다.

허준은 훌륭한 의관이 되겠다는 집념으로 주변의 괴로움을 견디어 냈습니다.

3년 후, 허준은 유의태의 처방에 따라 약을 직접 만들게 되었습니다. 5년 후엔 침술을 배웠습니다. 7년 후엔 혼자서 환자의 병을 진단하고 치료도 하게 되었습니다. 유의태 대신에 다른 고을에 가서 환자를 치료하기도 했습니다. 그사이 장가를 들고 아이들도 낳았습니다. 또 용천에 가서 어머니를 모시고 와 함께 살게 되었습니다.

1569년 어느 날, 유의태가 허준을 불렀습니다.

"한양에서 손님이 왔었다. 유희춘 대감이 보낸 사람이다. 대감 부인의 병을 고쳐 달라고 하더구나. 내가 편지를 써 줄 터이니 나 대신에 갔다 와라."

허준은 유희춘 대감 집에서 마련해 준 말을 타고 한양에 올라왔습니다.

허준을 본 대감 집 사람들은 실망했습니다. 그들이 부른 건 유의태였으니까요. 유의태가 쓴 편지를 읽은 후 마지못해 허준에게 치료를 맡겼습니다.

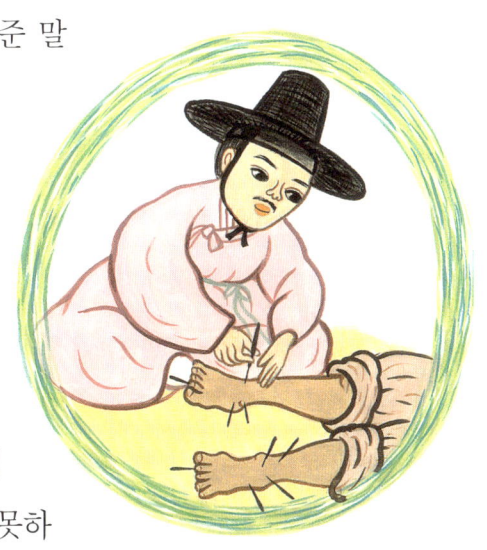

부인의 병은 머리에 나쁜 피가 고여 말을 잘 못하고 손과 다리를 잘 쓰지 못하

는 병이었습니다. 흔히 중풍이라고 부르는 병입니다.

허준은 열흘 동안 환자 곁을 지키면서 침을 놓고 약을 처방했습니다. 그러자 부인의 상태가 몰라보게 좋아졌습니다.

허준이 오기 전, 대감 집에서는 한양에서 유명하다는 의원들을 불러 치료를 맡겼습니다. 그러나 아무 효과도 보지 못했습니다.

허준이 부인을 낫게 하자 유희춘 대감이 크게 기뻐했습니다.

떠나기 전날, 유희춘 대감이 허준을 불렀습니다.

"한양에서 일해 보지 않겠나?"

"의과 시험에 도전할 생각은 있사오나, 아직 모자란 게 많습니다."

"겸손한 소리. 의과에 도전하지 않아도 내의원 의관이 되는 방법이 있다네. 내가 자네를 의관으로 추천하지. 어떤가?"

목숨을 건 수술

허준은 유의태에게 내의원 추천을 받은 일을 말했습니다.

"잘되었구나. 가거라."

"아직 배울 게 많사옵니다."

"아니다. 이제부터는 네 스스로 공부하면 된다. 명심하여라. 의학은 평생 공부다. 네 실력을 믿고 교만해선 안 된다. 알겠느냐?"

"깊이 명심하겠나이다."

이렇게 허준은 스승의 격려를 받으며 내의원 의관이 되었습니다.

내의원에 출근한 첫날, 허준은 자신의 집안, 출생, 성장 과정을 기록해 내의원에 제출했습니다. 양천에서 태어나 평안도에서 자란 서자 출신임을 정직하게 적었습니다.

조선에서 가장 실력 있는 의관들이 모인 곳이 내의원이었습니다. 콧대 높은 내의원 의관들은 허준을 다짜고짜 무시했습니다.

"서북 촌놈이 내의원에 들어오다니, 뇌물이라도 바친 게냐?"

"서자 출신이라고? 변변치 않은 자로구나."

허준은 단성에 있을 때보다 더 열심히 공부했습니다. 내의원에는 많은 의학책이 있었는데, 내의원에서 숙직하는 날이면 허준은 책에 파고들었답니다.

허준의 의학 실력은 하루가 다르게 좋아졌습니다. 의관들도 하나둘 허준의 실력을 인정하게 되었습니다.

1590년 허준이 조선 최고의 의관이라는 평가를 받은 일이 일어났습니다.

선조의 둘째 아들인 광해군이 시름시름 앓기 시작했습니다. 두창에 걸린 왕자는 온몸에 열이 나 밤잠도 못 자고 끙끙 앓았습니다.

내의원 의관들이 아무리 좋은 약을 먹이고 침을 놓아도 소용없었습니다. 이때 허준이 수술해서 왕자의 병을 깨끗이 낫게 하였습니다.

선조는 크게 기뻐하며 허준에게 높은 벼슬을 주려고 했으나 모든 신하들이 반대했습니다.

"허준은 서자 출신이옵니다. 서자 출신에게 높은 벼슬을 주는 것을 법으로 금하고 있사옵니다."

"또 반역이 일어난 서북에서 자란 자입니다."

허준은 어려서부터 들었던 서자 출신, 서북 사람이라는 말이 평생 동안 따라붙는 게 가슴 아팠습니다. 일에 대한 자부심이 없었다면 이런 차별을 견뎌 내기가 힘들었을 거라는 생각이 들었습니다.

고집이 센 선조 임금은 신하들의 반대를 물리치고 허준의 능력을 높이 사 정3품 벼슬을 내렸습니다.

그리고 1592년, 허준은 전쟁으로 피란을 떠나는 처지가 되었습니다. 지긋지긋한 전쟁은 1598년에 끝이 났습니다.

1608년 허준에게 위기가 찾아왔습니다. 선조는 나이가 들어 몸이 약해졌는데, 갑자기 목구멍이 막혀 죽고 만 것입니다.

"전하가 돌아가신 것은 허준의 책임입니다."

신하들이 선조의 뒤를 이어 왕이 된 광해군에게 허준을 벌하라고 했습니다.

광해군은 선조의 죽음은 기력이 약해졌기 때문이지 허준 책임이 아니란 걸 잘 알고 있었습니다. 그러나 반대가 워낙 거세어 마지못한 광해군은 허준을 귀양 보냈습니다.

허준은 조선 최고의 의사에서 하루아침에 죄인이 되었습니다. 아무 잘못도 없는데 벼슬과 명예를 모두 잃은 것입니다.

그러나 광해군은 허준이야말로 나라에 필요한 인재라고 생각했습니다. 1년 후 광해군은 허준을 유배에서 풀어 주고 한양으로 불러 올렸습니다.

내의원으로 돌아온 허준은 또 다른 목표에 도전했습니다. 좋은 의학책을 쓰는 일이었습니다.

의학책을 널리 보급하면 자기가 직접 치료하지 않아도 많은 생명을 구할 수 있기 때문에, 책 쓰기는 큰 보람이 있을 거라고 생각했습니다.

1613년 허준은 자기가 완성한 총 25권의 의학책 『동의보감』을 광해군에게 바쳤습니다.

『동의보감』은 그동안 나온 의학책 중 가장 훌륭한 책이었습니다.

『동의보감』이 나온 후 조선의 의사들은 너 나 할 것 없이 이 책을 교과서 삼아 공부하거나 치료했습니다.

『동의보감』은 중국, 일본으로 수출되어 다른 나라 의사들도 참고해서 치료했습니다.

서자 출신이라고 차별받았던 허준.

지역 차별 때문에 무시당했던 허준.

그러나 그는 집념을 가지고 모든 차별을 이겨 냈습니다.

또『동의보감』을 써서 조선 역사를 통틀어 가장 훌륭한 의사가 되었습니다.

어머니가 말했던 보람 있는 인생을 산 사람이 된 것입니다.

이곳이 궁금해

대전 왕이 자는 곳
후원 왕을 위한 정원

왕이 살았던 곳 궁궐

한양에는 경복궁, 창덕궁, 창경궁, 덕수궁이 있었어요. 궁궐은 왕이 사는 곳이어서 한양에서 가장 좋은 자리에 있었지요. 궁궐은 정전, 편전, 동궁, 대전, 중궁전, 후원이 기본적으로 있었어요.

나라의 제사, 궁궐의 잔치 등 큰 행사는 정전 앞의 마당에서 했어요. 마당엔 박석이라는 우둘투둘한 돌을 깔았어요. 매끈한 돌을 깔지 않은 것은 왕의 눈이 부시지 않게 하고 또 신하들이 미끄러지는 것을 막기 위해서였다고 해요.

궁궐에는 궁녀, 내시, 호위 병사 등 왕, 왕비, 세자를 모시는 사람들도 살았어요. 이 사람들은 정전과 중궁전 가까이에 있는 집에서 살며 왕과 그 가족을 모셨답니다. 궁궐에서 살진 않지만 매일 궁궐에 들어와 일하는 신하와 하인들도 있었어요. 궁궐 안에는 이 사람들이 일하는 사무실과 숙직을 할 때 자는 곳도 있었어요.

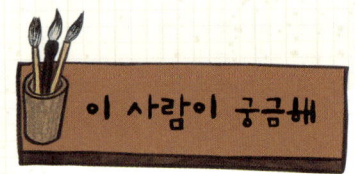
이 사람이 궁금해

세상은 넓고 직업은 많다 이색 직업

조선 시대는 신분에 따라 선택할 수 있는 직업이 제한된 시대였어요. 지금처럼 사회가 복잡하지 않아서 직업 수도 훨씬 적었고요.

직업 중 압도적으로 많은 것은 농부였어요. 농사를 지으며 틈틈이 어부, 나무꾼 일을 하는 사람도 많았답니다.

농업과 어업 일을 하는 평민들은 군인 일도 해야 했어요. 조선 시대 직업 군인의 수는 적었답니다. 그래서 평민들은 16~60살 때까지 번갈아 가며 군인 일을 의무적으로 했어요. 이 제도를 군역이라고 해요.

수공업을 하는 평민들도 있었는데 그릇인 옹기를 만드는 옹기장이 그리고 쇠를 달구어 연장을 만드는 대장장이가 가장 흔했답니다.

평민 가운데 상업에 종사하는 사람도 꽤 되었는데 상인들 중에선 장터와 지방을 돌며 물건을 팔던 장사꾼이 가장 많았어요.

중인들은 전문적인 공부가 필요한 직업을 가졌어요. 사람을 고치는 의원 그리고 통역 일을 하는 역관이 대표적이지요. 역관이 되려면 나라에서 실시하는 시험에 합격해야 했어요.

이색 직업도 있었답니다. 말을 치료하는 일을 하는 마의라는 직업은 지금의 수의사 일을 하는 직업이었어요.

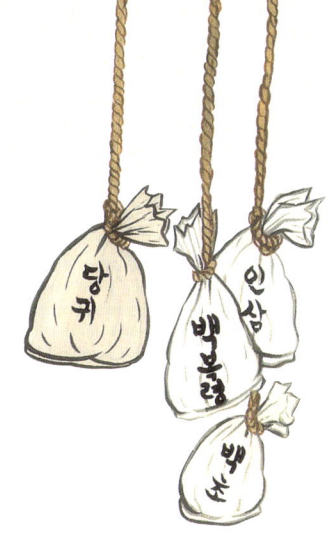

　지금의 변호사와 비슷한 일을 하는 사람도 있었어요.

　외지부라는 직업입니다. 외지부는 관청 주변을 서성거리다가 재판을 하는 사람을 대신해서 고소장을 만들어 주고 수고비를 받았어요.

　지금은 찾아보기 힘든 직업으로 강독사가 있었어요. 조선 시대엔 책이 귀했어요. 강독사는 사람들에게 『흥부전』 같은 이야기책을 재미나게 읽어 주는 직업이었습니다. 강독사는 이야기가 한창 재미날 때 책 읽기를 중단해요. 그리고 다음 이야기가 궁금한 사람들이 돈을 던져 주면 나머지 이야기를 읽어 주었어요.

　별난 직업을 가진 사람을 구경하기 가장 좋은 곳은 시장이었어요. 조선 후기 시장에서는 훈련시킨 원숭이의 묘기를 보여 주고 돈을 버는 사람, 안경에 쓸 유리알을 깎는 사람, 물통이 든 지게를 옮기고 돈을 버는 사람, 뒷골목에서 투전판(도박)을 벌여 돈을 버는 사람 등 별별 직업을 볼 수 있었답니다.

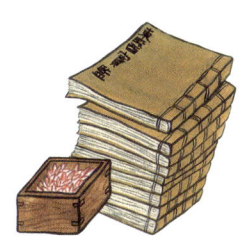

133

남녀 차별을 깨뜨리고 금강산에 오른
김금원

가고 싶어도 못 가는 서당

"어머니, 저도 서당에 보내 주세요."

1825년 봄, 강원도 원주에 사는 아홉 살의 김금원이 어머니의 치맛자락을 잡으며 말했습니다.

"서당에?"

"예. 옆집 막동이도 올해부터 서당에 간대요. 저도 갈래요."

어머니는 딸을 보며 힘없이 말했습니다.

"넌 갈 수 없단다."

"왜요?"

"서당은 남자만 갈 수 있단다."

"여자도 같은 사람인걸요?"

"우리나라 풍속이 그래. 조선 땅에서 여자를 받아 주는 서당은 없어."

세상 사람 중 절반은 여자인데 서당에 갈 수 없다니 불공평하다는 생각이 들었습니다.

"여자도 꿈이 있잖아요? 꿈을 이루려면 공부를 해야죠."

어머니가 슬픈 표정으로 말했습니다.

"여자의 꿈? 금원아, 여자는 어떤 벼슬도 할 수 없어. 시집가서 좋은 아내, 좋은 어머니가 되는 게 전부란다."

어머니의 말대로 조선 시대에 여자는 서당에 갈 수 없었고, 과거를 볼 자격도 주지 않았습니다.

조선은 중국에서 생긴 유교 사상을 받아들였습니다. 유교에는 남자가 중심이 되어 세상을 이끌어 간다는 사상이 있었답니다. 그래서 왕, 신하, 장수 등 세상을 이끄는 사람은 모두 남자였습니다.

유교 사상에 사로잡힌 조선 남자들은 여자는 집에서 딸, 아내, 어머니 역할만 잘하면 된다고 생각했고, 여자들도 공부를 열심히 해 꿈을 이뤄 볼 생각을 하지 못했습니다.

어머니 말에 김금원은 슬펐습니다. 어머니가 물었습니다.

"왜 공부를 하고 싶니?"

"아버지 방에 있는 책을 읽고 싶어서요."

"낙심하진 마. 서당에 안 가도 책을 볼 순 있단다."

"어떻게요?"

"내가 집에서 글을 가르쳐 주마."

어머니는 기생 출신이었습니다. 조선 시대 기생 중에는 글을 쓰고 읽을 줄 아는 여자들이 꽤 있었습니다.

어머니는 첩이었습니다. 아버지는 충청도에 사는 양반이었는데, 일 년에 몇 번 원주에 있는 어머니의 집에 와서 지냈습니다.

다음 날부터 김금원은 어머니에게 글을 배웠습니다. 공부하고 싶은 마음이 간절했기 때문에 열심히 공부했습니다. 덕분에 서당에 들어간 남자아이들보다 빨리 『천자문』을 익혔습니다. 이어서 다른 책도 보기 시작했습니다.

김금원이 열한 살이었던 어느 여름날, 집 앞에서 막동이를 만났습니다. 어릴 적부터 옆집에서 살아 둘은 말을 터놓고 지냈습니다.

막동이는 싱글벙글 웃고 있었습니다.

"어딜 가니?"

"산에 간다. 치악산."

치악산은 원주에 있는 아름다운 산입니다.

"서당은?"

"안 가. 오늘은 훈장님과 학동들이 답청 놀이 가거든."

"답청? 그게 뭔데?"

"풀밭에서 산책하는 게 답청이다. 답청 후에는 치악산 계곡물에서 물고기도 잡을 거다. 답청 간다고 어머니가 떡도 만들어 주셨지. 이 봐라."

막동이가 떡 보자기를 흔들며 자랑했습니다.

김금원은 막동이가 부러웠습니다. 집에서 책을 읽는 게 간혹 답답할 때가 있었습니다. 날씨 좋은 날에는 강이나 산에 가서 시원한 바람을 쐬고 싶었지만 기회가 없었습니다. 조선 시대 여자아이들은 집 안이나 동네 골목에서 술래잡기, 공기놀이를 하는 게 고작이었습니다.

"헤헤, 부럽지?"

막동이는 손을 흔들곤 서당이 있는 윗마을로 걸어갔습니다.

물끄러미 서 있던 김금원이 막동이 뒤를 따라가기 시작했습니다.

코를 납작하게 해 주마

김금원은 태어나서 치악산에 한 번도 가 보지 못했습니다. 그런데 오늘 막동이가 치악산에 간다고 합니다. 어떻게든 따라가고 싶어 막동이를 무작정 쫓아간 것입니다.

 막동이가 남자아이들이 왁자지껄 떠들고 있는 서당 마당으로 들어갔습니다. 답청 가는 날이라 모두 명랑했습니다. 김금원이 서당을 기웃거리고 있을 때 남자아이가 뒤에서 헛기침을 했습니다.
 "여기서 뭐해? 여자가 집에 있을 일이지."

'여자라고 집에만 있어야 하니?'라고 말하려다가 참았습니다. 그리고 얼떨결에 말했습니다.

"막동이 보러 왔다."

남자아이가 소리를 질렀습니다.

"막동아! 여자애가 널 보러 왔어."

그 소리에 학동들이 우르르 밖으로 나왔습니다. 삽시간에 김금원은 남자아이들에게 둘러싸였습니다.

"여기 왜 온 거야?"

막동이가 물었습니다.

"너 따라 치악산 가고 싶어서."

"뭐? 넌 서당 학동도 아니잖아."

다른 남자아이가 끼어들었습니다.

"여자가 산에는 왜 간다는 게야?"

그 말에 김금원은 화가 났습니다. 자신도 모르는 사이에 손이 허리에 올라갔습니다.

"왜 못 가? 여자는 다리가 없어, 팔이 없어?"

남자아이도 지지 않고 말했습니다.

"여자가 문밖에서 바깥 사람과 어울리는 것은 유교 예절에 어긋나. 넌 『소학』에 나오는 삼종지의(三從之義)도 모르니?"

"모른다, 왜!"

"가르쳐 주지. 여자는 세 가지를 잘해야 옳은 여자란 게 삼종지의다. 그 세 가지가 뭐냐! 결혼 전에는 아버지를 잘 따르는 것, 결혼 후에는 남편을 잘 따르는 것, 남편이 죽으면 아들을 잘 따르는 것이다."

"책에 나온다고 다 옳은 거니?"

"법으로도 여자는 함부로 행동하면 안 되게 되어 있어. 나라의 법전 『경국대전』에 여자는 친척 이외의 사람은 방문할 수 없다고 적혀 있어. 여자가 산이나 물에서 놀이를 할 경우 처벌한다는 내용도 있다고."

이때 어른 목소리가 들렸습니다.

"왜 이렇게 소란한 게냐?"

수염을 팔(八)자로 기른 서당 훈장이었습니다.

한 아이가 김금원을 가리키며 상황을 설명했습니다. 훈장이 김금원에게 부모님이 누군지, 집은 어디인지 물었습니다. 김금원은 또박또박 대답했습니다.

훈장이 말했습니다.

"네 마음은 알겠다만 오늘은 서당 아이들이 산에 가는 날이란다."

김금원은 2년 전 이야기를 꺼냈습니다.

"저도 서당에 다니고 싶었습니다. 어머니는 제가 여자라서 서당에 다닐 수 없다 했습니다. 지금도 서당에 다니고 싶은 마음이 굴뚝같습니다. 치악산에도 가고 싶고요."

"너를 특별히 산에 데려갈 순 있다. 허나 두 가지 조건이 있다. 먼저 내가 낸 문제를 풀어야 한다. 그리고 네 부모님이 허락해 주셔야 한다."

김금원은 눈을 반짝이며 고개를 끄덕였습니다.

"내가 글을 적을 터이니, 무슨 뜻인지 말해 보아라."
훈장이 나뭇가지로 바닥에 글자를 적었습니다.

仁者樂山 知者樂水

그리운 금강산

훈장이 쓴 글은 처음 보는 글자였지만 다행히 천자문을 아는 김금원은 그걸 읽을 수가 있었습니다.

인자요산 지자요수(仁者樂山 知者樂水)

정신을 집중해 한 자 한 자 뜻을 헤아리며 곰곰이 생각하자 문장의 뜻을 알 것 같았습니다.

"인자요산 지자요수! 어진 사람은 산을 좋아한다. 지혜로운 사람은 물을 좋아한다는 뜻이 아니옵니까?"

서당 아이들의 눈이 댕그래졌습니다. 여자아이가 글을 읽을 줄 아는 게 신기했기 때문입니다.

훈장의 입술이 살짝 위로 올라갔습니다.

"옳거니! 이 말은 공자님이 쓴 『논어』에 나오는 말이다."

맞혔다는 말에 김금원이 작은 주먹을 꽉 쥐고 고개를 들어 남자아이들을 휙 둘러보았습니다.

훈장이 말했습니다.

"여자의 바깥출입을 금하는 게 조선의 법이다. 그러나 넌 어린아이다. 부모님이 너를 데려가는 걸 허락하신다면 문제없을 게다."

김금원은 훈장과 같이 집으로 갔습니다.

훈장 이야기를 들은 어머니가 말했습니다.

"딸아이를 좋게 봐 주셔서 고맙습니다. 하지만 딸아이를 산에 데려갔다는 소문이 나면 훈장님이 동네 어른들께 욕을 들을까 걱정입니다."

"이 일로 나를 욕하는 자가 있다면 그 자는 소인배올시다. 소인배의 하찮은 욕은 한쪽 귀로 듣고 다른 귀로 흘려버리면 됩니다."

이 말에 어머니는 딸이 치악산에 가는 걸 허락했습니다.

훈장과 같이 서당으로 돌아가며 김금원은 평소 생각했던 것을 물었습니다. 그것은 어머니에게도 묻지 않은 고민이었습니다.

"훈장님, 여자를 차별하는 세상이 옳은 세상이옵니까?"

"옳지 않지. 차별 없는 세상이 좋은 세상이다. 차별이 어찌 남자 여자의 문제뿐이겠느냐. 나는 남자로 태어났지만 첩의 자식이라는 이유로 차별을 받았다."

"저는 차별하는 세상이 원망스럽사옵니다."

"나도 네 나이 때 그러했느니라. 그러나 원망하는 마음에 사로잡히면 이 세상을 살아가는 게 괴롭단다. 모든 것이 미워지니까. 슬프고 억울해도 최선을 다해 사는 수밖에 없느니라. 그러면 보다 더 나은 인생을 살 수 있단다."

서당으로 가며 김금원은 원망하는 마음에서 벗어나라는 훈장의 말을 곱씹었습니다.

"자, 출발하자꾸나."

훈장의 말에 마루에 앉아 있던 아이들이 벌떡 일어났습니다. 막동이가 다가와서 물었습니다.

"먹을 거 없지? 배고플 텐데."

김금원이 상글상글 웃으며 말했습니다.

"안 먹어도 배부를 것 같아, 산에만 간다면."

실제로 김금원은 도시락을 싸 오지 않아 점심을 못 먹었지만 배가 불렀습니다. 치악산 풍경이 배를 부르게 했기 때문입니다.

김금원은 세상에 얼마나 많은 꽃과 나무가 있는지 알게 되었습니다. 날개를 팔랑거리며 숲을 날아다니는 나비부터 다람쥐, 청설모, 노루 등 숲에서 만난 동물들도 신기했습니다. 또 수많은 식물과 동물이 산과 조화를 이루어 만들어 내는 아름다운 풍경은 감동을 주었습니다.

'왜 시인들이 자연을 노래하는지 알겠어.'

경치에 감탄한 김금원은 자신도 언젠가 시를 써서 자연의 아름다움을 표현하고 싶었습니다.

산에서 내려올 때 김금원이 훈장에게 물었습니다.

"훈장님, 세상엔 이처럼 아름다운 산이 많이 있습니까?"

"그럼, 많다마다."

"조선에서 가장 아름다운 산은 어디인지요?"

"금강산이다. 두말하면 잔소리지."

금강산!

김금원도 어른들로부터 금강산 이야기를 들은 적이 있었습니다. 금강산은 너무나 아름다워 조선 사람이라면 죽기 전에 한 번은 가고 싶어 하는 곳이라는 이야기가 기억났습니다.

"훈장님께선 금강산에 가 보셨나요?"

"젊은 시절에 가 보았단다. 산에 올라 동해 바다도 보았지."

바다!

듣기만 해도 가슴이 설레는 말이었습니다. 파도가 넘실거린다는 바다는 김금원이 산 못지않게 구경하고 싶은 곳이었습니다.

치악산을 다녀온 이튿날 김금원이 어머니에게 말했습니다.

"어머니, 금강산에 가고 싶어요."

"뭐, 금강산? 아버지께 말도 꺼내지 마라. 노발대발하실 게다."

아버지의 선물

금강산에 가고 싶다는 김금원의 꿈은 시간이 갈수록 커졌습니다. 여름이 끝나 갈 무렵 충청도에 사는 아버지가 왔습니다.

김금원이 금강산 이야기를 꺼냈습니다. 아버지는 단번에 반대했습니다.

"안 된다. 어린 딸을 금강산에 보내는 아버지가 어디 있겠느냐?"

어머니가 아버지 말을 거들었습니다.

"금원아, 이루지 못할 일은 빨리 포기하는 게 좋느니라."

김금원은 어머니와 생각이 달랐습니다.

세상엔 이루지 못할 꿈도 있습니다. 새가 되고 싶다고 사람이 새가 될 순 없습니다. 그러나 금강산에 가는 것은 불가능한 꿈이 아니라고 생각했습니다.

시간이 흘러 김금원은 열두 살이 되었습니다. 그사이 글 실력은 더욱 늘어 이젠 『사략』 같은 역사책을 볼 정도가 되었습니다.

이 무렵 김금원에게 시를 쓰는 취미가 생겼습니다. 자연의 아름다움이나 마음을 표현하는 데 시는 참 좋은 수단이 되었습니다.

김금원은 계속해서 부모님에게 금강산 이야기를 꺼냈습니다. 돌아온 대답은 "안 된다"였습니다.

부모님이 반대하는 가장 큰 이유는 위험하다는 것이었습니다. 부모님 생각도 일리가 있었습니다. 비바람, 식량, 숙소 그리고 산에서 만날 수 있는 산적이나 호랑이 등 어린 소녀에게 금강산 여행은 위험했습니다.

새해가 밝아 열세 살이 되자 금강산에 가고 싶은 이유가 또 하나 생겼습니다.

'여자가 어떻게 금강산에 올라가?' 하는 사람들의 생각을 깨 버리고 싶다는 마음이 생긴 것입니다.

또 한 해가 지나 열네 살이 되었습니다. 집 앞을 지나던 서당 훈장이 김금원에게 물었습니다.

"금강산 가는 걸 부모님은 여전히 반대하시니?"

"예."

"무조건 조르기보다 부모님을 잘 설득하면 어떻겠느냐?"

"어떻게요?"

"여행 계획을 구체적으로 말씀 드려 보렴. 또 부모님의 입장이 되어 생각해 보는 것도 좋을 것 같구나."

"부모님의 입장요?"

"그래. 부모님 입장에 서 보면 왜 반대하는지 잘 알 수 있을 게다. 부모님을 설득할 좋은 방법도 생각날 테고."

그날 김금원은 훈장이 한 이야기를 깊이 생각했습니다.

한 달 후, 아버지가 원주에 왔습니다. 아버지가 물었습니다.

"그동안 어떤 책을 보았느냐?"

"여러 책을 보았습니다. 그중 『동유기』를 재미나게 보았습니다."

"『동유기』라면 금강산에 관한?"

"예. 소녀, 훗날 금강산에 가려면 미리 그곳의 지리를 알아 둠이 좋을 듯하여……."

"우리 딸 고집이 황소고집이구나."

"아버님께 보여 드릴 게 있습니다."

김금원이 종이 두 장을 내밀었습니다.

첫 장엔 금강산에 가고 싶은 이유가 또박또박 정성스럽게 적혀 있었습니다.

금강산을 구경해 자연의 아름다움을 느껴 보고 싶습니다.

아름다운 자연을 감상하면서 몸과 마음을 수양하고 싶습니다.
금강산 여행한 것을 책으로 남기고 싶습니다.

다른 종이엔 내금강-외금강-해금강으로 이어지는 금강산 여행 계획이 적혀 있었습니다.

글을 읽은 아버지가 허허 웃었습니다. 김금원은 좋은 징조를 느꼈습니다.

아버지가 물었습니다.

"저고리와 치마를 입고 어떻게 금강산에 오르려고?"

"미리 생각해 둔 게 있습니다. 바지를 입고 무릎엔 행전(먼 길을 갈 때 무릎 아래에 매는 천)을 차고 금강산에 오를 생각입니다."

"남자 복장을 한다는 게냐?"

"전 아직 시집 안 간 여자이니 문제가 안 될 것입니다."

"가다가 길을 잃으면?"

"『동유기』를 읽으면서 금강산에 가는 길을 머리에 익혔습니다. 밤에 길을 잃을 경우 방향을 잡는 법도 배웠고요."

"밤엔 어떻게 방향을 찾지?"

"북극성을 찾아야 합니다. 그러면 북쪽을 알 수 있지요. 북쪽을 알면 자연히 다른 방향도 알 수 있사옵니다."

"준비를 많이 했구나. 됐다, 물러가거라."

아버지는 사흘 후 충청도 집으로 돌아갔습니다. 금강산에 가는 걸 허락한다는 말은 없었습니다.

또 한 달이 지났습니다. 치악산에 쌓인 눈이 녹을 무렵, 아버지가 보낸 편지가 도착했습니다. 그 편지는 아버지가 보낸 선물과도 같은 편지였습니다.

> 금강산에 가는 걸 허락하마. 허나 혼자서는 안 된다. 충청도 제천 땅에 조 진사라는 내 친구가 있느니라. 그가 올봄에 금강산 구경을 간다고 하였다. 나도 따라가려 했으나 한양에 갈 일이 있어 시간이 안 되는구나. 나 대신에 그들이 가는 길에 같이 다녀오너라.

편지 끝에는 조 진사의 주소와 여행 일정이 적혀 있었습니다.
너무 기쁘면 말로 표현을 못 할 때가 있습니다. 김금원이 그랬습니다. 눈가에 눈물만 그렁그렁 맺혔습니다.
어머니가 말했습니다.
"제천까지 가는 게 문제구나."
"어머니, 제천은 저 혼자 가겠습니다."

못난 남자

제천은 원주에서 약 100리 거리였습니다. 지금 거리로 따지면 약 40킬로미터입니다.
"혼자서 어떻게 100리 길을 간다는 게냐?"

"여자 혼자서 먼 길을 못 가거나 먼 길을 가서도 안 된다는 생각은 세상 사람들이 만든 그릇된 생각입니다. 여자도 얼마든지 남자 못지않게 해낼 수 있습니다."

강단 있는 금원의 말에 어머니는 결국 제천에 혼자 가는 걸 허락했습니다.

김금원은 떠날 날을 손꼽아 기다렸습니다. 하루가 평소보다 길게 느껴졌습니다. 여행을 대비해 시간이 날 때마다 집에서 가까운 동산에 올라가고 내려오기를 반복했습니다. 다리의 힘을 키우기 위해서였습니다. 원주에서 제천으로 가는 길도 알아 두었습니다.

제천으로 갈 날이 밝았습니다. 김금원은 어머니가 준비한 옷을 걸쳤습니다. 한 땀 한 땀 정성 들여 바느질한 저고리와 바지를 입고 바지 아래에 행전도 차고, 미투리(삼이나 모시 등으로 짚신처럼 만든 신발)도 신었습니다. 마지막으로 댕기 머리를 위로 올린 후 대나무 삿갓을 썼습니다.

어머니는 여벌의 옷과 미투리를 봇짐에 싸 주었습니다. 가는 길에 먹을 주먹밥과 여행 경비로 쓸 돈도 주었습니다.

금원은 종이와 붓, 먹을 것을 봇짐에 넣은 후 집을 떠났습니다.

김금원은 여행을 떠나는 기분을 훗날 『호동서락기』라는 책에서 이렇게 표현했습니다.

어렵게 허락을 받아 떠나는지라 마음이 후련하였다.
새장에 갇혀 있던 새가 푸른 하늘을 날아오르는 것 같았다.

좋은 말이 굴레와 안장을 벗고 천 리를 달리는 기분이었다.

여행 준비를 꼼꼼히 한 덕에 김금원은 제천에 무사히 도착할 수 있었습니다.
조 진사는 친구의 딸을 반갑게 맞아 주었습니다. 집에는 금강산 여행을 같이 갈 또 한 사람이 있었습니다. 조 진사의 친구인 박 씨 성을 가

진 한량(과거 1차 시험에 합격했지만 마땅히 벼슬이 없는 사람)이었습니다.

박 한량은 김금원이 못마땅하다는 표정을 지었습니다.

"길을 가다가 다리 아프다고 엉엉 울까 걱정이다."

"소녀, 절대 그러지 않겠습니다."

"지금은 무슨 소릴 못해? 10리도 못 가 아이고 다리야 할 걸."

김금원은 원주에서 제천까지 100리 길을 걸어서 왔다고 말하려다가 관두었습니다.

박 한량이 또 볼멘소리를 했습니다.

"남자 옷을 입었으니 길을 가다 포졸이 너를 잡아가지 않을까 해서 또 걱정이구나."

"걱정하실 필요 없습니다."

"걱정할 필요가 없다니? 나라에서 남장을 금하는 걸 모르느냐?"

"나라에선 남자가 여자 복장을 하는 건 엄격하게 금하고 있습니다. 그러나 여자가 피란을 가거나 먼 길을 가는 경우 남자 복장을 하는 것은 처벌하지 않습니다."

옆에 있던 조 진사가 말했습니다.

"금원이 말이 맞네. 문제없을 거야."

이튿날 제천을 떠났습니다. 일행은 조 진사, 박 한량, 김금원 그리고 조 진사 집 하인인 칠성이까지 네 사람이었습니다.

떠나기 전 김금원이 봇짐에 붓을 넣는 걸 본 칠성이가 물었습니다.

"붓은 왜 가져가?"

"제가 본 걸 적으려고요."

"적어서 뭐하게? 떡이 나오니 꿀이 나오니?"

"여행한 걸 책으로 쓰고 싶어서요."

"책? 여자가 책을 써서 뭐하게."

"책은 뭐 남자만 쓰나요?"

"무슨 소리! 여자는 그저 살림만 잘하면 되는 거야."

김금원은 한숨이 나왔습니다. 양반이나 하인이나 여자를 낮춰 보는 것은 똑같다는 생각이 들었습니다.

일행은 제천의 유명한 호수인 의림지를 구경했습니다. 이어서 제천 옆 지방인 단양으로 가서 단양 팔경을 구경하였습니다. 단양 팔경은 단양이 자랑하는 여덟 개의 경치 좋은 곳이란 뜻이랍니다.

여행 중에 조 진사와 박 한량은 김금원과 별로 얘기를 하지 않았습니다. 칠성이도 터벅터벅 걷기만 했습니다.

김금원은 그것이 편했습니다. 김금원이 바라던 것은 혼자 하는 여행이었습니다. 비록 나이가 어려 어른들과 동행하지만 김금원은 이번 여행이 혼자서 하는 여행이라고 생각하기로 했습니다.

단양 팔경 구경 후 일행은 금강산이 있는 북쪽을 향해 출발했습니다. 금강산 가는 길은 멀어서 많은 마을과 강 그리고 고개를 지났습니다. 잠은 마을의 주막에서 잤습니다.

북쪽으로 올라갈수록 아침저녁이 더 쌀쌀했습니다. 김금원은 늘 먼저 일어나 주막 밖으로 나가 마을 풍경을 구경했습니다. 수년 동안 바라던 여행이었기에 시간을 헛되게 보내는 게 싫었습니다.

제천을 떠난 지 나흘째 되는 날, 앞서 가던 박 한량이 소리를 질렀습니다.

"보인다! 금강산이 보인다!"

어른과 아이의 대결

박 한량이 손으로 멀리 보이는 봉우리를 가리켰습니다. 그것은 금강산이 자랑하는 1만 2,000개의 봉우리 중 하나였습니다.

금강산으로 들어가는 입구인 단발령 고개에 올라갔습니다. 고갯마루에 올라서 금강산을 바라보는 순간 김금원은 저도 모르게 "아!" 하고 탄성을 질렀습니다.

봉우리들이 병풍처럼 펼쳐져 있었습니다. 하얀 봉우리들 위에 자리한 나무들은 초록으로 반짝이고 있었습니다. 숲에선 뻐꾸기 소리가 들렸습니다. 김금원은 자기를 반갑게 맞아 주는 소리 같아 숲을 향해 손을 흔들었습니다.

단발령을 넘은 일행은 금강산에 있는 유명한 절인 장안사로 갔습니다. 점심을 먹은 후 일행은 해가 떨어지기 전 장안사 주변의 계곡을 구경했습니다.

신선루, 옥경대, 명경대……. 저마다 고운 이름을 가진 계곡은 선녀와 신선이 사는 세상처럼 아름다웠습니다.

　이튿날 일행은 표훈사라는 절을 향해 떠났습니다. 이날도 여러 암자와 계곡을 구경했습니다. 특히 금강산 봉우리 사이의 여러 물줄기가 만나는 만폭동 계곡은 떠나는 걸음을 떼기가 힘들 정도로 경치가 매우 빼어났습니다. 이어서 일행은 숲길을 걸어 올라가 정양사라는 절과 그 주변 경치를 감상했습니다.

　절의 입구에 있는 헐성루라는 누각에 오르니 금강산 봉우리들이 한눈에 들어왔습니다. 어떤 봉우리는 사람을 닮았고 어떤 봉우리는 활짝 핀 연꽃 같았습니다.
　김금원은 종이와 붓을 꺼냈습니다. 박 한량이 물었습니다.
　"무얼 하는 게냐?"

"아름다운 경치를 한시(한자로 쓴 시)로 표현하려고요."

"네가 한시를? 여자아이가 쓴 한시라면 수준은 보나 마나겠구나. 내가 한 수 지을 테니 보고 배우거라."

김금원은 자존심이 상했습니다.

"괜찮습니다. 한시는 자기 느낌을 솔직하고 개성 있게 표현하면 되는 것이지요."

"당돌하구나. 어른이 말하면 따를 것이지."

이때 조 진사가 말했습니다.

"저 아이 무시하지 말게. 저 애 아비 말로는 한시를 꽤 잘 짓는다고 하던걸."

"그야 자기 딸 자랑하는 것이지."

"그럼 자네, 저 아이와 한시 대결을 해 보지 않겠나?"

"한시 대결? 좋아. 하지 뭐."

조 진사가 빙그레 웃으며 말했습니다.

"정양사에 한시를 잘 쓰는 스님이 있다는 이야길 들었네. 그에게 누구 것이 우수한지 심사를 맡기면 어떨까?"

박 한량은 자신만만했습니다.

"중이 심사하면 어떻고 무당이 심사하면 어때. 보나 마나지."

저녁이 찾아와 노을이 지고 있었습니다.

김금원과 박 한량은 종이를 펼치고 한시를 적기 시작했습니다.

김금원은 이런 한시를 지었습니다.

*헐성루는 하늘 아래 골짜기를 굽어보고
그 안으로 문을 들어서니 그림 같은 숲이로다
여기야말로 세상에서 가장 아름다운 곳
연꽃 같은 봉우리들이 노을에 반짝이네*

박 한량도 한시 한 편을 지었습니다.
일행은 절 안으로 들어가 시를 잘 쓴다는 스님을 찾아갔습니다.
두 편의 한시를 읽은 스님은 종이 하나를 번쩍 들었습니다.
"이 시가 더 좋습니다."
조 진사가 스님이 건네준 종이를 받은 후 입을 열었습니다.
"박 한량! 자네 부끄럽게 됐네그려."
스님이 더 좋은 시라고 뽑은 것은 김금원의 시였습니다.
스님이 얼굴이 벌게진 박 한량에게 말했습니다.
"한량님 시도 좋습니다. 유명한 시인이 쓴 문장을 흉내 낸 듯한 표현이 흠입니다. 저 아이의 시는 자기만의 솔직한 표현, 가령 연꽃 같은 봉우리라는 표현이 있어서 좋았습니다."
박 한량은 아무 말도 못하고 후다닥 밖으로 나갔습니다.
이 일이 있은 후부터 박 한량은 여자라는 이유로 또 어리다는 이유로 김금원을 무시하지 않았습니다.
일행은 여러 날 동안 내금강을 구경했습니다. 내금강은 금강산의 서쪽 지역을 말합니다. 이어서 일행은 금강산 동쪽 지역인 외금강을 구경했습니다.

외금강 구경 때 김금원은 태어나 처음으로 바다를 보았습니다.

짙푸른 동해 바다를 보는 순간 김금원은 눈물을 흘렸습니다. 바다 풍경이 아름다웠기 때문입니다. 또 바다를 보면서 자연 앞에서 사람이 얼마나 작은 존재인지 깨달았습니다.

외금강에 이어 해금강을 구경했습니다. 해금강은 금강산 근처의 바다에 있는 섬과 암초들로 이루어진 곳입니다.

무사히 금강산 여행을 끝마쳤습니다.

수많은 봉우리, 계곡, 폭포, 바위, 숲, 나비와 새들……

김금원은 금강산을 여행하는 동안 태어나 가장 행복한 순간을 보냈습니다.

김금원의 여행은 금강산에서 한양으로 가서 아버지를 만나고 한양 구경을 하는 것으로 끝이 났습니다. 이로써 그녀는 여자 몸으로 조선 역사에서 가장 어린 나이에 금강산을 구경한 사람이 되었습니다.

열네 살에 여자를 차별하는 남자들에게 당당하게 맞서며 금강산 여행의 꿈을 이룬 김금원!

그녀는 자라서 어떤 인생을 살았을까요?

김금원은 어머니의 신분을 물려받아 기생이 되었지만 뛰어난 글솜씨로 한양에까지 그 이름을 떨쳤습니다. 그리고 김덕희라는 선비의 첩이 되어 남편을 따라 여러 지방을 유람하며 시를 지었습니다. 남편이 벼슬을 그만두고 한양에 머물 때에는 글재주가 있는 여자들을 모아 시 모임을 만들었습니다.

1851년 김금원은 어릴 적에 결심한 꿈을 이루었습니다.

금강산과 여러 지방을 여행한 것을 기록한 『호동서락기』란 책을 펴낸 것입니다.

이 책을 읽은 사람들은 남들이 감히 꿈꾸지 못한 일에 도전한 그녀의 용기에 감탄했습니다. 또 금강산 풍경을 아름답게 표현한 그녀의 재능을 크게 칭찬했습니다.

이곳이 궁금해

조선 어린이들이 다닌 학교 서당

서당은 조선 어린이들이 공부를 하는, 오늘날로 치면 초등학교라고 할 수 있어요.

조선 어린이들은 7~10살쯤에 서당에 갔어요. 그림을 보면 학생 중에 갓을 쓴 어른도 있지요? 그래요. 서당엔 간혹 나이 많은 학생이 입학하기도 했어요.

서당에서는 '하늘 천 땅 지 검을 현 누를 황'으로 시작하는 『천자문』을 배웠답니다. 이 책으로 한자를 익히면 『명심보감』, 『소학』 같은 도덕책과 『사략』, 『통감절요』 같은 역사책을 공부했어요. 그리고 시와 글짓기, 수학 공부인 셈법도 배웠어요. 시나 글을 짓거나, 열흘이나 보름에 한 번씩 배운 것을 암송하는 것이 시험이었지요. 이렇게 서당 공부를 마치는 데는 대략 10년이 걸렸어요.

책 한 권을 마치면 서당에서 책걸이라는 잔치를 했어요. 책걸이 때는 학동의 부모들이 떡, 과일 같은 음식을 가져와 훈장, 학동들과 즐거운 시간을 보냈습니다.

서당 공부를 마친 아이는 학당, 서원, 향교 같은 상급 학교로 올라가 공부하면서 본격적으로 과거 시험을 준비했답니다.

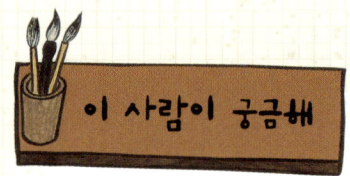

세상엔 여자도 있다 조선의 여인들

세상 사람의 절반은 지금이나 조선 시대나 여자였어요. 조선의 여인들 중에서도 남자 못지않게 이름을 떨친 여인들이 있었답니다.

정치 분야에서 이름을 떨친 여인을 살펴볼까요?

조선 제11대 왕인 중종의 부인 문정왕후는 중종이 죽고 아들 명종이 왕이 된 후 한동안 조선에서 가장 큰 권력을 휘둘렀답니다. 또 조선 제21대 왕 영조의 부인인 정순왕후도 제23대 왕 순조 시대에 정치를 쥐락펴락했어요. 조선 제26대 왕 고종의 부인인 명성황후도 한때 큰 권력을 누렸지요.

예술 분야에선 허난설헌이 유명해요. 『홍길동전』을 지은 허균의 누나인 허난설헌은 많은 시를 썼는데, 그녀의 시는 중국 시인들이 감탄할 정도로 뛰어났어요.

신사임당도 빼놓을 수 없습니다. 그녀는 그림, 시 모두 솜씨가 빼어났어요. 그런데 조선 시대에 신사임당은 지금처럼 유명하진 않았답니다. 아들인 이이가 나중에 유명한 정치가 겸 학자가 되고 또 그녀의 그림이 세상에 조금씩 알려지면서 유명해진 것이지요.

기생 황진이도 빼놓을 수 없습니다. 문학과 음악에 재능이 있었던 황진이는 서경덕이라는 학자를 찾아가서 유학 공부를 할 만큼 적극적인 여자이기도 했

어요. 황진이가 남녀가 평등해진 요즘 세상에 태어났다면 탁월한 예술가나 학자가 되었을 겁니다. 기생 중에선 논개도 유명해요. 논개는 조일 전쟁 때 진주성이 일본군에게 함락당하자 일본군 장수를 안고 강물에 뛰어들어 일본군에게 죽은 진주 백성의 한을 푼 여성입니다.

남자들이 독점하던 분야에 과감하게 도전해 큰 발자취를 남긴 여성도 있답니다. 조선 후기에 강원도에서 살았던 임윤지당이라는 여성은 성리학 공부를 열심히 해서 남자 학자 못지않은 이름을 떨쳤어요.

조선 후기 제주도에서 장사를 했던 김만덕이라는 여성은 가뭄으로 제주 백성들이 굶주렸을 때 평생 모은 재산으로 식량을 사서 제주 사람들을 구한 아름다운 이야기로 유명합니다.

또 진채선이라는 여성은 남자 가객들이 판을 치던 음악 무대에 진출해서 여자로서는 최초로 명창 자리에 올랐답니다.

조선 시대에 남녀가 평등하였다면 훨씬 더 많은 여성이 세상에 이름을 알렸을 거예요. 많은 여성이 자기 재능을 피워 보지도 못한 것은 참 안타까운 일입니다.

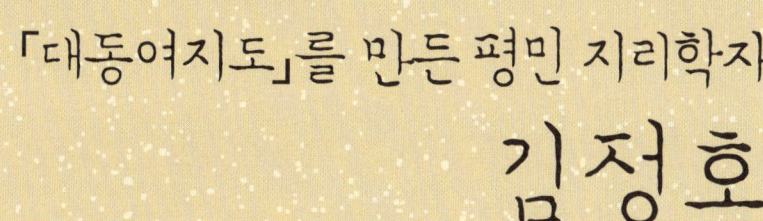

「대동여지도」를 만든 평민 지리학자 김정호

저 산 너머 무엇이 있을까

1825년경, 한 청년이 한양에 있는 인왕산을 오르고 있었습니다. 며칠 전 황해도에서 이사 온 김정호였습니다.
숲에서 불어오는 5월의 바람이 달콤했습니다.

김정호는 산 아래를 향해 소리를 질렀습니다.
"야호! 기분 좋다!"
인왕산에서는 한양이 한눈에 내려다보였습니다. 먼저 눈에 들어온 것은 한양을 에워싼 성이었습니다. 450여 년 전 조선이 수도를 한양으로 정하고 세운 성은 웅장했습니다.
창덕궁, 창경궁 같은 웅장한 궁궐도 보였고, 한양 한복판을 흘러가는 청계천도 보였습니다.

인왕산 가까이에는 또 하나의 궁궐 경복궁이 있었는데, 경복궁은 다른 궁궐보다 큰데도 사람이 살지 않아 방치되어 있었습니다.

경복궁은 1592년 조일 전쟁 때 불에 타고 말았습니다. 전쟁이 끝난 후에도 조선 정부는 경복궁을 제대로 수리하지 않았습니다.

경복궁을 바라보던 김정호는 어릴 적 서당 훈장이 들려준 이야기가 떠올랐습니다.

"전쟁 때 일본은 부산에 상륙한 지 거의 보름 만에 한양을 점령했다. 어떻게 그렇게 빨리 점령할 수 있었을까?"

학동들의 대답이 없자 훈장이 말했습니다.

"이유는 두 가지다. 하나는 조선의 장수 중에 도망간 사람이 많았기 때문이고, 다른 하나는 일본이 조선의 지리를 잘 알고 있었기 때문이다. 전쟁이 나기 전 일본은 조선에 사신을 자주 보냈는데 그때마다 꼼꼼하게 지리를 조사해 한양으로 가는 가장 빠른 길을 알아 놓았던 거다."

이야기를 들은 김정호는 지리가 무척 중요하단 생각을 했습니다.

김정호는 오늘처럼 산에 오르는 걸 좋아했습니다. 새소리, 바람 소리, 물소리를 동무 삼아 산에 오르면 기분이 좋았습니다. 날아갈 것같이 몸이 가벼웠고, 더 건강해지는 것 같았습니다.

산에 오르면 좋은 것이 또 있었습니다. 평지에서 볼 수 없는 먼 곳의 풍경을 볼 수 있다는 점이었습니다. 산에서는 마을 너머로 뻗어 있는 길이 보였고 들과 강과 산이 보였습니다.

'저 산 너머에는 무엇이 있을까?'

산 너머를 생각할 때면 가슴이 두근거렸습니다. 얼른 커서 먼 곳으로 여행을 가고 싶다는 마음이 들었습니다.

며칠 전 한양으로 올라온 김정호 가족은 가난한 사람들이 많이 사는 숭례문 바깥 동네에 살게 되었습니다.

김정호는 부모님을 도와 새로 살 초가집을 수리했습니다. 집수리 후 잠깐 여유가 생기자 벼르고 별렀던 인왕산 오르기에 나선 겁니다.

며칠 후, 아버지가 김정호에게 말했습니다.

"오늘 나하고 삼개에 가자."

삼개는 한강에 있는 큰 나루터였습니다. 조선 시대 상인들은 배를 이용해서 상품을 많이 날랐습니다. 한양의 경우, 충청도, 전라도, 황해도에서 나온 상품을 실은 배가 서해 바다를 지나 삼개 나루에 짐을 내렸습니다.

김정호는 단박에 고개를 끄덕였습니다. 한 번도 가 본 적이 없는 곳을 가는 것은 늘 즐거운 일이었기 때문입니다.

삼개에서 김정호는 전국에서 올라온 지방 상인들을 보았고 다양한 농수산물도 구경했습니다. 가장 신 난 것은 지방 상인들이 들려준 이야기였습니다.

경상도 상주에서 왔다는 곶감 장수가 자랑했습니다.

"한강도 억수로 크지만 경상도에도 못지않게 큰 강이 있다 아입니까. 낙동강이라고 부르지예."

충청도 서산에서 올라온 소금 장수가 말했습니다.

"충청도 해안의 큰 고을에는 산마다 봉수대가 있어유. 외적이 쳐들어오면 봉수대에 연기를 피워 한양에 비상 연락을 하지유."

전라도 상인 이야기도 흥미로웠습니다.

"살기 좋은 곳이야 전라도가 첫째지요잉. 농수산물이 많이 낭게요. 전라도서 배 타고 가면 겁나게 큰 섬이 있지라. 그 섬 이름이 제주도요."

아버지가 삼개에 간 것은 일자리를 얻기 위해서였습니다. 다행히 아버지는 쌀가게에서 일자리를 얻었습니다. 삼개에서 성안의 가게로 쌀을 나르는 일이었습니다.

일을 구한 아버지는 기분이 좋았던지 김정호를 데리고 주막집으로 갔습니다. 후딱 국밥을 비운 김정호가 주막 밖으로 나갔습니다. 집에 돌아가기 전에 궁금한 것을 알아내기 위해서였습니다.

김정호는 나이 든 상인을 보고 물었습니다.

"어르신, 여쭐 것이 있습니다."

"무어냐?"

"제게는 세상 곳곳을 가 보고 싶은 꿈이 있습니다. 오늘 삼개에 처음 와 여러 지방 이야기를 재미나게 들었는데 각 지방의 지리를 소개한 책이 있는지요?"

"있다마다. 『동국여지승람』이란 책이다."

"『동국여지승람』?"

책을 구할 수만 있다면

'어디 가면 『동국여지승람』을 구할 수 있을까?'

이튿날 아버지를 도와 쌀 나르는 일을 하는 내내 김정호는 생각에 빠졌습니다. 평생 장사만 해 온 삼개의 상인은 책을 구하는 방법을 몰랐습니다.

'책을 잘 아는 사람을 찾아가 보자.'

김정호는 마을 서당에 갔습니다.

"여쭤 볼 게 있어 왔습니다."

마루에 누워 책을 보던 훈장이 고개만 살짝 돌리고 물었습니다.

"웬 놈이냐?"

"혹시 서당에 『동국여지승람』이 있나요?"

"『동국여지승람』? 없다."

"어디 가면 볼 수 있을까요?"

"평민 주제에 책은 왜?"

"읽고 싶어서요."

"아서라. 그 책은 너 같은 평민은 들어갈 수 없는 곳에 있느니라."

"그곳이 어디옵니까?"

"귀찮은 놈이구나. 너하고 말 상대할 시간 없다."

"나리 그곳을 가르쳐 주면 제가 열 번이라도 절을 올리겠습니다. 제발, 알려 주십시오."

훈장이 귀찮은 얼굴로 말했습니다.

"성균관이다. 절은 필요 없으니 얼른 나가거라."

"나리, 하나만 더요. 성균관은 어디 있나요?"

"이런 무식한 놈을 봤나. 과거 1차 시험에 합격한 선비들이 공부하는 성균관도 모르다니? 당장 안 나가면 다리몽둥이를 분질러 놓을 테다."

서당을 나온 김정호는 숭례문 안으로 들어가 지나가는 행인에게 성균관 위치를 물었습니다. 서울 지리에 익숙하지 않아 청계천을 건넌 후 다시 길을 물어야 했습니다.

종각을 지나 북쪽으로 올라가자 창덕궁이 나왔습니다. 김정호는 큰 은행나무 두 그루가 서 있는 건물을 드디어 찾았습니다. 성균관이었습니다.

성균관 대문은 닫혀 있었습니다. 김정호는 사람이 나타나길 기다리다 옆구리에 책을 낀 청년 선비를 만났습니다.

"성균관에 계시옵니까?"

청년이 김정호에게 화를 냈습니다.

"부를 땐 호칭을 붙이는 것이 예의다. 나는 과거 1차 시험에 합격하신 몸이다. 그러니 생원 나리라고 불러라."

"생원 나리, 성균관에 『동국여지승람』이 있습니까요?"

"『동국여지승람』? 있다. 성균관 서고에는 『동국여지승람』의 내용을 보충한 『신증동국여지승람』도 있지. 그런데 넌 볼 수 없다."

"왜 볼 수 없다는 것인지?"

"차림새를 보니 평민 같은데 평민은 성균관에 들어갈 수가 없다."

"성균관 말고 다른 곳엔 없나요?"

"있다. 규장각이다."
"규장각에는 들어갈 수 있나요?"
"규장각은 창덕궁 안에 있다. 네가 어떻게 궁궐에 들어가겠느냐?"
 선비는 김정호를 한심하다는 듯이 쳐다보곤 성균관 안으로 들어갔습니다. 그의 말대로라면 김정호가 『동국여지승람』을 보는 것은 불가능했습니다. 힘이 쭉 빠졌습니다.
 며칠 동안 김정호는 집에서 가족과 아무 말도 하지 않았습니다. 보고 싶은 책을 볼 수 없는 제 처지가 답답했기 때문입니다.
"왜 종일 삐친 아이처럼 있는 게냐?"
 저녁에 아버지가 김정호를 나무랐습니다.
"바라는 게 있는데 이룰 수 없어서 그러지요."
"평생 감나무 아래서 입 벌리고 있을 녀석이로군. 녀석아! 감을 먹고 싶으면 일어나서 따먹어야 하는 거야. 세상일이 다 그래."
 아버지 말이 맞다 싶었습니다. 잠들기 전 김정호는 결심했습니다.
'그래. 내 뜻대로 안 된다고 웅크려 있지 말자. 행동을 하자!'

 이튿날 김정호는 한양에서 가장 큰 시장인 운종가로 갔습니다.
 운종가 상인에게 책 파는 가게를 물었습니다. 상인은 운종가 뒷골목에 있는 책 가게를 알려 주었습니다.
 선반 가득 책이 쌓여 있는 가게에는 안경 쓴 노인이 책 정리를 하고 있었습니다.
"나리, 『동국여지승람』이 있사옵니까?"

"『동국여지승람』? 몇 권 있지."

그 말에 김정호의 가슴이 쿵쿵 뛰었습니다.

"구경이라도 할 수 있나요?"

김정호의 옷차림을 살피던 노인이 말했습니다.

"돈은 있나? 그 책은 돈이 많아야 살 수 있어."

그제야 김정호는 자기가 빈털터리라는 사실을 깨달았습니다.

"지금은 돈이 없지만 나중에 벌어서 사려고……."

"싱거운 청년이군. 포기하게."

김정호는 포기하지 않았습니다. 책을 반드시 구해서 읽겠다는 오기가 생겼습니다.

한 시간 후, 김정호가 종이 한 장을 들고 책 가게 앞에 나타났습니다. 그는 종이를 땅바닥에 펼치고 네 귀퉁이에 돌을 얹었습니다. 김정호가 펼친 종이에는 이런 글이 적혀 있었습니다.

지나가던 사람에게 "별 미친 녀석을 다 보네"라는 말도 들었습니다.

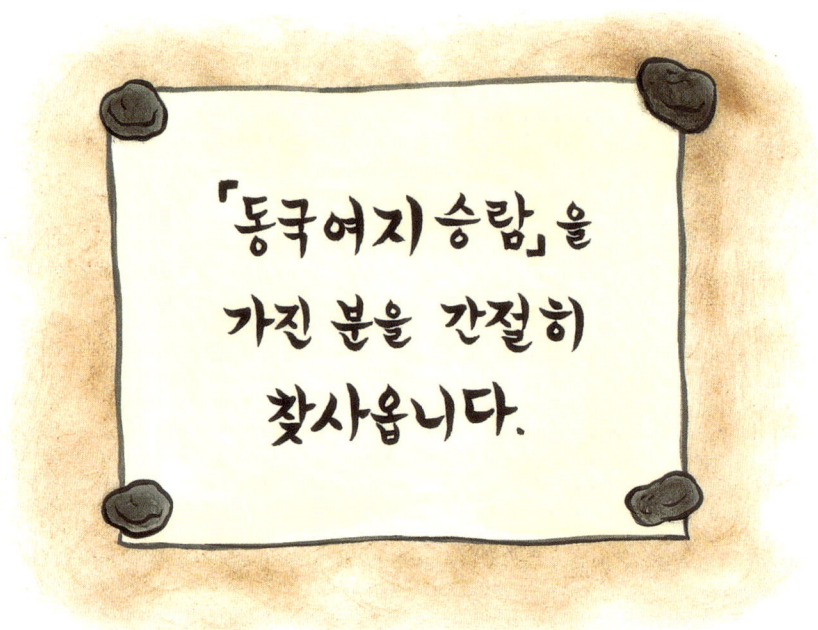

그래도 김정호는 꾹 참고 앉아 있었습니다. 한 시간이 지나고 두 시간이 지났습니다. 배에선 꼬르륵 소리가 났습니다. 결국 자리에서 일어났습니다.

다음 날 김정호는 다시 책 가게 앞으로 갔습니다. 어제처럼 종이를 펼치고 책을 가진 사람이 나타나기를 간절히 빌었습니다.

점점 해가 지기 시작했습니다.

'아! 오늘도 포기해야 하나?'

그때 지나가던 한 남자가 걸음을 멈추었습니다. 도포 차림의 선비였습니다.

"자네, 이 책을 왜 찾나?"

고마운 동무

김정호가 고개를 들었습니다. 선비가 웃는 얼굴로 물었습니다.

"책을 구하는 이유가 있을 것 아닌가?"

"소인은 어릴 적부터 지리에 관심이 많았나이다. 삼개 나루에 갔다가 조선의 지리를 소개한 책이 『동국여지승람』이라는 소리를 듣고 꼭 읽고 싶었나이다."

"이 책을 얼마나 읽고 싶나?"

"책이 꿈에 나타날 만큼 읽고 싶사옵니다."

"지리책을 읽는다고 부자가 되는 것도 벼슬자리에 오르는 것도 아닌데 왜 관심을 두나?"

"조선 방방곡곡에 어떤 고장이 있고, 어떤 산과 강이 있는지 알고 싶습니다."

지그시 김정호를 보던 선비가 입을 열었습니다.

"나를 따라오게."

선비는 김정호를 집으로 데려갔습니다. 하인이 나와 선비에게 꾸벅 절을 하고 갓과 도포를 받았습니다.

선비가 하인에게 명령했습니다.

"이분을 사랑채로 모셔라!"

하인을 따라 사랑채에 들어간 김정호의 눈이 커졌습니다. 사랑채에는 책이 아주 많았기 때문입니다.

"나는 최한기라 하네. 자네는?"

"소인 김정호라 하옵니다."
"이 방에 찾는 책이 몇 권 있네. 자네에게 빌려 줄 수도 있어. 그 전에 자네가 살아온 이야기를 듣고 싶군."

김정호는 최한기에게 고향 이야기, 한양에 온 이야기, 아버지를 도

와 하는 일을 들려주었습니다.

최한기가 물었습니다.

"자네는 지리의 중요성을 아는가?"

"아직 잘 모르옵니다. 다만 알고 싶기에……."

"지리 정보는 중요해. 임금이 나라를 다스릴 때도 필요하고, 백성들이 장사를 하는 데도 필요하고 또 군인에게도 중요하지. 지리를 잘 알아야 좋은 작전을 세울 수 있으니까."

그 말을 들으니 지리에 대한 호기심이 더욱 생겼습니다.

최한기가 말했습니다.

"우리 조선에선 나이 차가 열 살 이내면 서로를 동무 대접하지. 자네와 나는 나이가 비슷한 것 같군. 오늘부터 나와 동무하는 게 어떤가?"

"제가 감히 어떻게?"

"괜찮아. 지금부터 말 놓게. 동무는 다정해야지. 안 그래?"

"……."

"자네가 찾던 책을 보여 줘야겠군."

최한기가 벽에 쌓아 둔 책 더미에서 책 몇 권을 꺼냈습니다.

"『동국여지승람』은 약 200년 전 성종 임금님 때 만든 책이야. 그 후 중종 임금님 시절에 내용을 보충해 『신증동국여지승람』을 만들었다네. 책은 모두 55권인데, 내가 가진 건 『신증동국여지승람』 중 1, 2권이네."

"55권이나 된다고요?"

"조선 팔도 각 고을의 지리, 역사, 문화, 특산품 등 많은 정보를 담다 보니 55권이 되었지. 우선 이 책을 가져가게."

"고맙습니다, 나리."

"말 놓으라니까."

"버릇이 돼 놔서."

"일을 그만두고 지리 공부를 하지 그러나?"

"당장 먹고살아야 하는 처지인지라."

"언제든 내 집에 오게. 내 책이 자네 책이라고 생각하게나."

김정호는 저녁상까지 대접받고 최한기의 집을 나왔습니다.

헤어지기 전 김정호가 말했습니다.

"고맙습니다. 아니…… 고……맙네. 고마워."

그날 김정호는 밤늦도록 『신증동국여지승람』을 읽었습니다.

한양에 온 지 한 달이 넘었지만 그때까지 김정호는 한양의 지리와 역사를 잘 몰랐습니다. 책을 보니 궁금했던 것을 금방 알 수 있었습니다. 한양의 궁궐에 대한 부분에서는 이상한 점을 발견했습니다. 경복궁을 '태조 3년(1394년)에 짓고 정도전이라는 신하가 궁궐 이름을 지었다'는 내용이었습니다.

김정호는 생각했습니다.

'경복궁이 조일 전쟁 때 훼손되었다는 내용도 책에 넣어야 하지 않을까?'

『신증동국여지승람』은 조일 전쟁 전에 나온 책이었습니다. 그래서 조일 전쟁으로 달라진 사실을 기록하지 못했습니다.

그날 김정호는 결심했습니다.

'『신증동국여지승람』의 내용을 보충한 책을 쓰고 싶다. 사람으로 태어나 이 일 하나만 해도 보람 있을 것이다.'

피곤해도 즐겁다

"잘 보았네."

김정호가 최한기에게 책을 돌려주었습니다.

김정호는 책에 보충할 내용이 더러 있다는 이야기를 한 후, 훗날 자기가 내용을 보충한 책을 써 보고 싶다고 했습니다.

"좋은 생각이야. 그런데 책 못지않게 지도도 중요해. 지도도 내용을 보충할 게 많다네."

"그럼 지도도 만들어 볼까?"

"지도를 만들려면 판각 기술을 배워야 한다네."

"판각?"

"조각칼로 나무에 글을 새기는 게 판각이야. 판각을 한 후 종이를 덮어서 지도를 인쇄한다네."

"배우지, 배우고말고."

이날부터 김정호는 더 열심히 책을 빌려 읽었고, 틈틈이 판각 기술도 배웠습니다.

아버지 일을 돕느라 공부 시간은 늘 부족했습니다. 그러나 무슨 일이든 그 일을 즐기면 피곤한 줄 모르는 법입니다. 일을 마치고 피곤했지만 지리책을 펴면 피곤한 줄도 몰랐습니다.

『신증동국여지승람』을 다 읽은 후에 단종 임금 때 만든 지리책인 『세종실록지리지』도 구해서 읽었습니다.

몇 년이 흘렀습니다. 그사이에 김정호는 풍부한 지리 지식을 가진 사람이 되었습니다.

18세기 초 정상기라는 사람이 만든 「동국지도」는 김정호의 공부에 큰 도움이 되었습니다. 지도를 보고 또 봐서 지도 내용을 다 외웠습니다. 지도가 없어도 조선 팔도에 어떤 고을이 있고 산과 강이 있는지 알게 되었습니다.

또 몇 년의 시간이 흘렀습니다. 그사이 아버지가 돌아가셨고 김정호는 장가를 갔습니다.

어느 날, 최한기가 말했습니다.

"공부도 할 만큼 했으니 이제 지리책을 써 보게."

"아직 멀었어. 조선 곳곳을 답사해야 좋은 책을 쓸 수 있는데 답사가 쉽지 않아. 가족을 팽개치고 집을 비울 수가 있어야지."

"일 년에 몇 번이라도 답사를 다녀오게나. 식구들 먹을 것은 내가 보태 주지."

"그동안 신세 진 것도 많은데 또 어떻게?"

"자네를 도우는 게 좋아서 그러는 거야."

며칠 후, 김정호는 최한기가 빌려 준 말과 천리경을 가지고 첫 답사를 떠났습니다. 천리경은 청나라에서 수입한 것으로, 멀리 있는 것을 자세히 볼 수 있는 물건이었습니다. 첫 답사 지역은 한양에서 가까운 경기도 남부 지역이었습니다.

  김정호는 예정보다 5일 늦게 한양에 돌아왔습니다. 집에 온 김정호는 거지꼴이었습니다. 옷은 한 번도 빨지 않아 때에 절어 있었고, 얼굴은 제대로 먹지 못해 볼은 홀쭉하고 눈은 퀭했습니다. 말도 지쳐서 금방 쓰러질 것 같았습니다. 그런데 김정호는 말 위에서 웃고 있었습니다. 답사를 통해 많은 지리 지식을 얻은 것이 즐거웠기 때문입니다.

  이듬해 봄, 김정호는 두 번째 답사를 충청도 지역으로 떠났습니다.

  가을에는 세 번째 답사를 강원도로 떠났습니다.

  한양을 떠난 지 열흘째 되는 날, 김정호는 강원도 정선의 강변길을 걷고 있었습니다. 한강이 시작되는 곳인 오대산의 우통수 샘물을 찾아가는 길이었는데, 길은 갈수록 험해졌습니다. 하나둘 보이던 초가집도 보이지 않고 사람도 보이지 않았습니다.

  강을 따라 걷던 김정호는 간신히 강 옆으로 난 작은 고갯길을 발견했습니다. 나무가 울창하게 우거진 길에는 사람이 다닌 흔적이 있었습니다.

  "길을 넘으면 마을이 있을 거야. 오늘은 거기서 묵자."

  오솔길로 접어든 김정호가 한참 걸어갈 때였습니다.

  "멈춰라!"

  큰소리를 지르며 한 남자가 나타났습니다. 남자는 등 뒤에서 칼을 들이밀며 조용히 말했습니다.

  "살고 싶으면 가진 것을 바쳐라!"

김정호는 산적을 만난 것입니다.

행복한 바보

김정호가 살던 시대엔 정치가 혼란스러워 백성들이 먹고살기가 힘들었습니다. 그래서 산에서 도적질을 하는 사람들이 많았습니다.
김정호의 봇짐을 뒤진 산적이 말했습니다.
"이놈 보게, 떡 몇 덩이가 다네. 너도 나 같은 가난뱅이로구나."
"그렇소, 난 한양에서 온 가난한 나그넵니다."
"강원도엔 왜 왔나?"
김정호는 산적에게 지리 공부 이야기를 해 주었습니다.
"답사를 하면 떡이 나오나 술이 나오나?"
"그냥, 제가 좋아서 하는 겁니다."
"그래도 넌 하기 싫은 산적 짓을 하는 나보단 행복한 놈이구나."
산적은 자기가 살아온 이야기를 했습니다.
동해안에 있는 어느 고을의 양반집 하인이었는데, 2년 전 자기를 괴롭히는 주인집 아들을 몇 대 때린 후 벌을 받는 것이 두려워 산으로 도망 왔다고 했습니다. 처음엔 산짐승을 잡아먹고 약초를 캐 먹었지만 지난겨울엔 먹을 게 부족해 죽을 고생을 했다고 했습니다.
김정호는 산적의 외로움과 가난이 안타까웠습니다.
김정호에게 좋은 생각이 났습니다.

"오늘 밤 저를 재워 주시면 좋은 선물을 드리지요."
"선물?"
"산에서 살기 힘드시면 살기 좋은 고장을 알려 드리겠습니다."
"살기 좋은 고장?"

김정호는 산적의 초라한 움막집에서 밤을 보내며 조선에 어떤 고을이 있고 어떤 특산물이 나는지 가르쳐 주었습니다.

얘기를 들은 산적이 말했습니다.

"난 바다에서 고기를 잡고 소금을 구우며 살고 싶다."

"그럼 서해에 가서 사십시오. 강화도라는 섬이 살 만합니다."

"강화도? 거긴 어디야?"

"제가 한양에 돌아갈 때 저를 따라가시지요. 강화도는 한양에서 배를 타면 금방입니다."

산적이 김정호의 손을 잡으며 말했습니다.

"자네를 따라가겠네. 고맙네, 고마워."

김정호는 지리 공부를 한 후 가장 큰 보람을 느꼈습니다. 도적질을 하는 사람에게 죄를 짓지 않고 살 수 있는 방법을 알려 주었기 때문입니다.

'지금까지 나는 나라만 생각하고 지리책과 지도를 만들려고 했다. 지리책과 지도는 힘없고 가난한 백성들에게도 꼭 필요하다. 하루라도 빨리 지리책을 쓰고 지도를 만들자!'

김정호는 다음 날부터 알찬 답사를 할 수 있었습니다. 산적이 김정호에게 큰 도움을 주었기 때문입니다. 강원도에서 나고 자란 산적은 강원도의 산, 강, 고갯길을 자세히 알고 있었습니다.

답사를 마치고 김정호는 한양에 돌아왔습니다. 김정호를 따른 산적은 강화도로 떠났습니다.

김정호는 본격적으로 책을 쓰고 지도를 만들기 시작했습니다. 공부하고 책 쓰는 일을 하지 않을 땐 돈을 벌어야 했습니다. 돈을 모으면 1년에 몇 번씩 답사를 떠났습니다.

답사는 고생길이었습니다. 가장 힘든 건 밤에 잠잘 곳은 없는데, 비가 오거나 기온이 뚝 떨어질 때였습니다. 그런 날은 나무 아래서 밤새도록 벌벌 떨어야 했습니다. 여름 더위도 괴로웠습니다. 땡볕 아래를 걷다 보면 30분도 안 되어 땀범벅이 되었습니다. 밖에서 잘 때면 파리와 모기 때문에 잠을 설쳤습니다. 경상도의 어느 고개를 넘어가다가 호랑이를 보기도 했습니다.

이 모든 고난을 김정호는 이겨 냈습니다. 그리고 1834년 최초로 책을 썼습니다. 『동여도지』라는 책으로, 『신증동국여지승람』의 내용을 보충한 지리책이었습니다. 『동여도지』를 완성한 후엔 지도 만들기를 시작했습니다.

그해 겨울은 유난히 추웠습니다. 김정호는 겨울 내내 차가운 방에서 이불을 뒤집어쓰고 지도 판각 작업을 했습니다.

어느 날 밤, 곱은 손을 녹이려고 손에 입김을 불어넣으며 한창 판각 작업을 하고 있을 때 문을 열고 이웃집 사람이 들어왔습니다.

"잠도 안 자고 뭐하나?"

"지도를 새기고 있네."

"벌벌 떨면서 어떻게 지도를 새겨? 따뜻한 봄에 하게."

"하루라도 빨리 지도를 만들고 싶어서."

"답답한 친구. 주변에서 자네를 뭐라 그러는지 아나? 바보라고 해."

김정호는 허허 웃기만 했습니다.

"왜 웃나? 그러니 정말 바보 같네그려."

"사람들이 날 바보라 불러도 괜찮네. 난 행복한 바보니까. 내가 하고 싶은 일을 하는 행복한 바보."

김정호는 마침내 지도를 완성했습니다. 『동여도지』의 내용을 꼼꼼하게 기록한 이 지도의 이름은 「청구도」입니다.

판각 작업을 마친 것은 새벽이었습니다.

"다했다!"

기분 좋게 기지개를 켠 김정호는 바람을 쐬려고 밖으로 나왔습니다. 깊은 밤, 하늘에선 함박눈이 내리고 있었습니다.

옷을 두껍게 입은 것도 아닌데 하나도 춥지 않았습니다. 지도를 완성한 기쁨이 몸을 훈훈하게 해 주었습니다.

눈 쌓인 마당으로 내려와 하늘을 올려다보았습니다. 눈송이들이 수년 동안 다녔던 수많은 산, 강, 고개, 마을처럼 정겨웠습니다. 죽을 고생했던 기억들도 났습니다. 그렇게 고생하며 돌아다닌 보람을 오늘 다 이루었다고 생각하자 눈물이 났습니다. 눈물은 볼을 타고 흘러내렸습니다. 볼에 떨어지는 탐스런 눈송이가 김정호의 행복한 눈물방울을 따뜻하게 덮어 주었습니다.

김정호는 죽을 때까지 지리를 연구하고 지도를 만들었습니다. 그

결과 1861년엔 그의 명성을 드높인「대동여지도」를 만들었답니다.
「대동여지도」를 본 사람들은 정확하고 자세한 지도에 감탄했습니다. 어떤 사람은 "「대동여지도」는 조선의 보물이다"라고 칭찬했습니다.
김정호!
그는 평민이어서 많은 차별을 받았습니다. 가난에서 벗어나지도 못했습니다. 나라에서 큰 상을 주지도 않았습니다. 그래도 그는 행복한 사람이었습니다. 자기가 원하는 일을 즐거운 마음으로 열심히 했으니까요.

물건을 사고팔던 곳 시장

조선 시대에는 나라에 가겟세를 내는 조건으로 장사를 허락하는 시전이 있었어요. 한양의 운종가(서울의 종로), 지방의 개성(경기도), 평양(평안도), 전주(전라도)가 대표적인 시전이었어요. 시전이 아니더라도 큰 고을에는 난전 같은 시장이 열렸고, 지방은 보통 5일 간격으로 시장이 열렸는데 5일장의 전통은 지금도 시골에 남아 있어요.

돈 역할은 쌀, 무명천 같은 물건들이 했어요. 그러다 조선 중기부터 돈이 사용되기 시작했는데, 그 돈의 이름이 상평통보예요.

조선 시대엔 배로 물건을 실어 날랐어요. 그래서 한강 등 큰 강 주변에도 시장이 생겨났지요. 삼개 시장이 대표적이랍니다.

난전 정부의 허가를 받지 않은 상인들이 모여서 장사를 하는 곳

보부상 소금, 옹기 등 물건을 가지고 전국 방방곡곡을 돌아다니며 물건을 파는 사람

시전 90개가 넘는 가게가 있어 웬만한 물건은 다 살 수 있었다. 시전 상인들은 쌀, 비단 등 여러 가지 상품을 독점해서 팔 수 있는 특권을 누렸다.

객주 전국에서 배를 타고 온 상인들이 물건을 보관하고 밥을 먹는 곳으로 창고와 여관 역할을 했다. 낙동강, 금강 등 주로 큰 강 근처에 있었다.

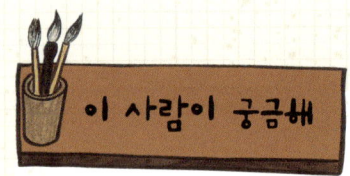

나는 조선의 가수다 가객

조선 시대에도 연예인이 있었을까요?

예, 있었어요. 오늘날의 가수, 배우 같은 사람들이었지요.

궁궐에도 음악을 전문적으로 하는 사람들이 있었는데, 이들을 악공이라고 불렀어요. 악공들은 궁궐의 행사, 잔치에 나와 노래를 부르고 연주를 했답니다.

악공이 아니라도 노래를 전문적으로 부르는 사람이 있었어요. 이들을 가객이라고 불렀지요.

가객이 많이 생긴 건 조선 시대 후기였어요. 가객들은 양반들의 모임, 잔치 때 초대받아 노래를 불러 돈을 받고 음식을 대접받았답니다. 이렇게 노래를 잘 부르는 사람을 명가 또는 명창이라고 불러요.

조선 시대의 노래는 지금처럼 빠르고 발랄한 노래가 아니었어요. 주로 시조에 느린 멜로디를 붙여 불렀는데 이것을 시조창이라고 해요. 가객들은 시조창 외에 가사, 민요도 불렀답니다.

양반들은 노래로 돈을 버는 일은 양반이 할 게 못 된다고 생각해 가객 일을 하지 않았어요. 양반 아래 계급인 중인 중에서 가객이 된 사람들이 많이 나왔답니다.

가객은 주로 남자였는데 가객 역할을 하는 여자, 기생도 있었어요. 기생은 어려서부터 춤, 노래, 글씨 등 여러 예술 훈련을 받았어요. 좋은 실력을 가진 기생은 양반들도 함부로 무시하지 못할 정도로 인기를 끌었답니다.

양반이 아닌 평민들도 노래와 춤을 즐겼어요.

평민이나 천민들로 이뤄진 사당패는 평민들 앞에서 노래와 춤 공연을 해서 먹고사는 사람들이었답니다. 사당패는 동네를 돌면서 공연했는데 노래를 불러 사람을 모은 후 줄타기 등 신기한 재주를 보여 주어 돈을 받았답니다.

노래 종류도 조선 후기에 이르러 다양해졌어요. 특히 인기를 끈 것이 판소리였답니다.

판소리는 전해 오는 옛이야기나 『심청전』 같은 인기 있는 소설의 줄거리를 가사로 바꿔 부르는 노래였어요. 판소리 공연은 멍석을 깔고 북으로 장단을 맞춰 주는 사람만 있으면 언제든지 할 수 있었답니다. 이런 판소리 공연 장소를 판소리 마당이라고 했어요.